HEINZ OVERSCHMIDT/CLAUDIUS JOHANN

ALLGEMEINES SPRECHFUNKZEUGNIS FÜR DEN SEEFUNKDIENST

HEINZ OVERSCHMIDT/CLAUDIUS JOHANN

Allgemeines Sprechfunkzeugnis für den Seefunkdienst

Was man für die Prüfung wissen muß

8. Auflage

VERLAG KLASING & CO GMBH, BIELEFELD

ISBN 3-87412-035-X

Einbandgestaltung: Siegfried Berning

© *Copyright by Klasing & Co GmbH, Bielefeld*
Printed in Germany 1982
Druck: Kunst- und Werbedruck, Bad Oeynhausen-Eidinghausen

Fotos: Dantronik (3), DBP (3), Debeg (5), Hagenuk (2), Plath (1),
Richter (1)

Inhaltsverzeichnis

Einleitung

Liebe Leserin, lieber Leser!

Welchen Grund Sie auch immer haben mögen, den Erwerb eines Sprechfunkzeugnisses in Erwägung zu ziehen, — ob für die Funktelefonie an Bord einer Yacht oder auf einem nahezu 1600 BRT großen Kümo — in beiden Fällen und natürlich ebenso in allen anderen, die dazwischenliegen, stets müssen Sie für die Abwicklung des Funkverkehrs ein Funkpatent besitzen. Seit dem 1. März 1980 haben Sie die Wahl zwischen zwei Sprechfunkzeugnissen, und zwar können Sie sich entweder für das „Beschränkt Gültige Sprechfunkzeugnis für Ultrakurzwellen (UKW-Sprechfunkzeugnis) oder für das „Allgemeine Sprechfunkzeugnis für den Seefunkdienst (Allgemeines Sprechfunkzeugnis) entscheiden. Der Unterschied zwischen beiden Zeugnissen ist schon aus der Bezeichnung erkennbar, denn während das UKW-Sprechfunkzeugnis nur zur Abwicklung des Funkdienstes an Bord von UKW-Seefunkstellen oder Schiffsfunkstellen auf Binnenschiffen berechtigt, ist das Allgemeine Sprechfunkzeugnis ein „Allround-Zeugnis". Es ist auch bezüglich der Seefunksprechanlagen „allgemein" verwendbar, nämlich für den „klassischen" Sprechfunkdienst auf *Grenzwellen* (GW) sowie auf *Ultrakurzwellen* (UKW) und auf *Kurzwellen* (KW). Kurzum, für alle Sprechfunkdienste, die es im Seefunk überhaupt gibt!

Neben den oben genannten Sprechfunkzeugnissen gibt es noch Zeugnisse für den Telegrafie- und Sprechfunkdienst, und zwar das Allgemeine Seefunkzeugnis, die Seefunkzeugnisse 1. und 2. Klasse sowie das Sonderzeugnis für den Seefunkdienst.
Wir meinen aber, daß das Allgemeine Sprechfunkzeugnis für Sie sehr zweckmäßig ist und wollen uns daher ausschließlich mit diesem beschäftigen.

Zweifellos trifft es zu, daß kleinere Fahrzeuge, wie z. B. Yachten, Fischkutter und Küstenausflugsschiffe naturgemäß einen sehr geringen, auf gelegentliche Fälle bzw. auf die Urlaubssaison beschränkten Funkverkehr ausüben. Man sollte dabei aber nicht übersehen, daß die Seegebiete der Bundesrepublik zu den frequentiertesten unseres Erdballs gehören. Bekanntlich steht der Nord-Ostsee-Kanal, was die Anzahl der passierenden Schiffseinheiten betrifft, in der Welt an der Spitze.

Diese Belastung einschließlich der angrenzenden Nord- und Ostseegebiete verlangt daher in nautischer wie damit einhergehend in funkbetrieblicher Hinsicht von allen Teilnehmern recht fundierte theoretische Kenntnisse und praktische Gewandtheit.

Es sei deshalb der im Laufe dieses Buches mehrfach wiederkehrende Vergleich mit dem Kraftfahrzeugverkehr erstmalig an dieser Stelle gestattet: die Seefunkverkehrsverhältnisse im mitteleuropäischen Raum entsprechen etwa der Rush-Hour einer Großstadt. Und ohne allgemein den Rad- und Mopedfahrern sowie Führerscheininhabern aus ländlichen Bezirken zu nahe treten zu wollen, — ein leider nicht geringer Prozentsatz von ihnen trägt nicht unbedingt zur flüssigen Verkehrsabwicklung bei. Auch der Begriff „Sonntagsfahrer" kennzeichnet eindeutig eine negative Auswirkung auf den Straßenverkehr.

Während in diesem Vergleich aber nur die Autofahrer der jeweiligen Großstadt mehr oder minder betroffen sind, wirkt sich unzulänglicher Funkverkehr geographisch weit umfangreicher, d. h. international aus. Er kann sogar die Schiffssicherheit gefährden.

Um Sie nicht abzuschrecken, sei aber sogleich angemerkt, daß das Sprechfunkzeugnis, wie wir es im weiteren Verlauf dieses Buches kurz nennen wollen, dennoch keineswegs ungewöhnlich hohe Anforderungen stellt. Um im Bild zu bleiben: das Funkpatent fordert von Ihnen durchaus nicht die weitergehenden Kenntnisse für einen Omnibus- oder LKW-Führerschein, sondern lediglich die Befähigung für die Klasse 3, für den PKW-Führerschein — und den haben Sie doch mit mehr oder weniger Glanz bewältigt, nicht wahr?

Die Autoren dürfen Sie um so mehr zum Erwerb des Sprechfunkzeugnisses ermuntern, weil sie auf die Tatsache verweisen können, daß sie alljährlich eine große Anzahl Interessenten aller Altersgruppen aus den verschiedensten Berufsschichten beiderlei Geschlechts, ferner Berufsseeleute, Fischkutterbesatzungen sowie Beamte und Angestellte von Seefahrtsbehörden erfolgreich auf die Sprechfunkzeugnisprüfung vorbereiten.

Allerdings ist hierbei von den Beteiligten oft beklagt worden, daß es keine Fachbroschüre gibt, die sowohl umfassend auf die praktische Ausbildung vorbereitet als auch die schulische Unterweisung wesentlich zu ergänzen trachtet.

Insbesondere der zeitlich sehr in Anspruch genommene Geschäftsmann, dem es selbst wintertags vielfach nicht möglich ist, die mehrwöchigen Kurse zu besuchen, ist sehr daran interessiert, sich weitgehend autodidaktisch auf die Ausbildung vorzubereiten und die Lehrgangsteilnahme auf eine Mindestzeit verkürzen zu können.

Das haben wir beherzigt!

Nachdem gegen Ende 1970 die erwartete Änderung der Funksicherheitsverordnung erlassen worden ist und im Mai 1971 die ebenfalls angekündigte „Verordnung über den Erwerb von Befähigungszeugnissen für Seefunker" sowie weitere postalische Gebührenänderungen in Kraft traten, sind wir gern dem Wunsch nachgekommen, die Ausbildungsunterlagen in Buchform zusammenzustellen.

Neben der Theorie der internationalen und nationalen Bestimmungen liegen diesem Buch jahrzehntelange fachliche Erfahrungen sowohl im maritimen Bereich als auch im Küstenfunkdienst, in der Ausbildung für das Sprechfunkzeugnis sowie in der Tätigkeit als Prüfungsbeisitzer zugrunde.

Wir haben uns bemüht, den relativ komplexen Stoff so darzustellen, daß er nicht nur von dem Sportbootskipper, sondern auch von dem künftigen nebenberuflichen Kümo-Sprechfunker leicht überschaubar verarbeitet werden kann. Bewußt haben wir es vermieden, Ihnen pauschal die zumeist in typischer, schwerfälliger Behördensprache verfaßten Betriebs- und Verordnungstexte zu servieren. Auf der Prüfung und später in der Praxis kommt es darauf an, daß Sie den Stoff vom Inhalt her beherrschen, mit Ihren Worten ausdrücken, was gemeint ist. Es ergibt sich dann ganz von selbst, daß Ihnen die offiziellen Dienstwerke geläufig werden und Sie schnell finden, wo was steht.

Sollten die Erklärungen gelegentlich für Ihre Begriffe etwas zu elementar sein, so bitten wir um Nachsicht: uns liegt die Gleichberechtigung am Herzen. Das Buch ist — last but not least — auch für Ihre Frau oder Ihre Freundin geschrieben. Sie sind durchweg weniger funkbetrieblich vorgebildet, legen dessenungeachtet aber von Jahr zu Jahr zahlreicher mit Erfolg die Sprechfunkprüfung ab.

Diese Broschüre ist also kein Lehrbuch im strengeren Sinn, sondern eine Lehrlektüre. Allerdings peilen wir das gleiche Ziel an: Auf der Schlußseite sollen Sie weitgehend prüfungsfit sein!

Wohlgemerkt, weitgehend! Ganz ohne praktischen Unterricht, ohne mehrfach an den Schaltknöpfen des Empfängers und Senders — beachten Sie die Reihenfolge! — gedreht zu haben, oder sagen wir es gleich fachkundig: ohne Empfänger und Sender abgestimmt zu haben und ohne, daß Sie Ihre Mayday-, Pan-Pan- und Sécurité-Meldungen sowie die verschiedensten Betriebssituationen von einem kritischen Experten haben testen lassen, wird Ihnen das theoretische Selbststudium allein nicht zum Prüfungserfolg verhelfen. Doch läßt sich mit der Lektüre die Ausbildung auf eine Minimumzeit reduzieren.

Natürlich kommt es dabei ganz entscheidend darauf an, daß man sich die theoretischen Begriffe und die wichtigsten Regeln und praktischen Redewendungen schon hinreichend sicher angeeignet hat. Das geht am einfachsten, wenn der vielschichtige Stoff methodisch aufgegliedert und praxisbezogen erklärt wird. Das jedenfalls erschien uns das Wichtigste und ist auch hier der Leitgedanke gewesen. Auch, so meinen wir, sollte der Zeugnisinhaber jederzeit einmal nachlesen können, wenn ihm der eine oder andere betriebliche bzw. technische Zusammenhang etwas entfallen ist.

Sofern Sie also Lust haben, auf diesem Kurs das Prüfungsziel anzusteuern, laden wir Sie herzlich ein, an Bord zu kommen und mit uns auf eine gemeinsame Ausbildungsreise zu gehen.

Wir wünschen Ihnen dazu Gute Fahrt und vollen Erfolg!

Heinz Overschmidt
Präsident des Verbandes
Deutscher Segelschulen
Leiter der Yachtschulen
„Aasee" und „Maschsee"

Claudius Johann †
Fernmeldeamtsrat

Vorwort

Claudius Johann lebt nicht mehr. Während eines Segeltörns, den er zusammen mit seiner Frau in den dänischen Gewässern machte, ereilte ihn im Sommer 1977 der Tod.

Als Mitautor hat er diesem Buch 1972 seinen Idealismus und seine Sachkenntnis mit auf den ersten Weg gegeben und es fachlich betreut, wenn sich in den folgenden Auflagen Änderungen ergaben. Viele Leser haben davon profitiert und sich Kenntnisse erworben, die für das Sprechfunkzeugnis erforderlich sind und die er mit seinem aufgeschlossenen Humor vermittelte. Wir betrachten es als unsere Aufgabe, das Buch in seinem Sinne zu erhalten und es für die kommenden Auflagen auf den jeweils neuesten Stand zu bringen.

Seit dem Tode des Mitautors nimmt Herr Günther Müller, Kiel-Schilksee, die fachliche Betreuung des Buches wahr. Herr Müller war — ebenso wie Herr Johann — etliche Jahre im praktischen Funkdienst tätig. Zudem hat er aus eigener Erfahrung genaue Kenntnis der Ausbildung zum Erwerb des Allgemeinen Sprechfunkzeugnisses für den Seefunkdienst, weil er seit Jahren Prüfungsaspiranten in der Bundesrepublik und in Österreich mit gutem Erfolg ausbildet.

Wir meinen, daß dieses gute Voraussetzungen sind, die bisher anerkannt solide Qualität des Buches zu erhalten und daß dem Leser damit Gewähr gegeben wird, ein stets auf dem neuesten Stand befindliches Lernmaterial für die Vorbereitung auf die Prüfung verfügbar zu haben.

Januar 1981

Der Verlag

Verordnung über den Erwerb von Befähigungszeugnissen für Seefunker (Prüfungsbedingungen)

Die Verordnung über den Erwerb von Befähigungszeugnissen für See-funker wurde letztmalig von der Deutschen Bundespost als der zustän-digen Behörde am 5. November 1979 im Bundesgesetzblatt I, S. 1905, verkündet. Diese Fassung erlangte ihre Gültigkeit mit der Einführung des „Beschränkt Gültigen Sprechfunkzeugnisses für UKW" am 1. März 1980.

Falls Sie sich für Einzelheiten dieser Verordnung interessieren, können Sie diese im Amtsblatt des Bundesministers für das Post- und Fernmelde-wesen, Ausgabe Nr. 19, Jahrgang 1980, nachlesen. Zu beziehen ist dieses Amtsblatt von: Vertrieb amtlicher Blätter des BPM, Postamt, Postfach 10 90 01, 5000 Köln 1.

Das Allgemeine Sprechfunkzeugnis für den Seefunkdienst (Sprechfunk-zeugnis) können Sie unter folgenden Voraussetzungen erwerben:

1. Deutsche Staatsangehörigkeit
   (Es können auf Antrag auch Ausländer als Ausnahme zugelassen wer-den)
2. Vollendung des 18. Lebensjahres
3. erfolgreiche Teilnahme an der Prüfung

Eine bestimmte Ausbildung ist für das Sprechfunkzeugnis nicht vorge-schrieben. Es bleibt Ihnen überlassen, wie und wo Sie sich die notwen-digen Kenntnisse aneignen bzw. vermitteln lassen. Außer an den See-fahrtfachschulen erfolgt die Ausbildung vielfach in Abend- bzw. Wochen-endkursen. Wer das Sprechfunkzeugnis besonders schnell erwerben möchte, hat Gelegenheit, an einem geschlossenen Wochenendlehrgang „mit vollem Programm" im Rahmen der Breitensportausbildung seitens der Kreuzer-Abteilung des Deutschen Segler-Verbandes teilzunehmen und unmittelbar danach die Prüfung abzulegen. Die Wochenendkurse werden vom Herbst bis Frühjahr im Leistungszentrum des DSV im Olympia-Zentrum Kiel-Schilksee durchgeführt. Die Teilnahme ist nicht von einer Mitgliedschaft abhängig. Interessenten wenden sich entweder an die

Kreuzer-Abteilung	oder an
des DSV	Günther Müller
Gründgensstr. 18	Schilkseer Straße 126
2000 Hamburg 60	2300 Kiel 17
Telefon (0 40) 6 30 60	Telefon (04 31) 39 30 93

Prüfungsanmeldung:
Sie müssen sich schriftlich anmelden. Zuständig für die Prüfung sind die Oberpostdirektionen Hamburg, Bremen und Kiel.
Sie können wählen, von welcher der drei Behörden Sie geprüft zu werden wünschen.
Fügen Sie Ihrem Antrag bei:
1. eine beglaubigte Abschrift oder Kopie der Geburtsurkunde bzw. des Geburtsscheines (bei Frauen ggf. zusätzlich die Heiratsurkunde)
2. zwei gleiche Paßbilder (3,5 x 5 cm)
Den Prüfungstermin erhalten Sie schriftlich mitgeteilt. Desgleichen die Aufforderung, vor der Prüfung die Gebühr in Höhe von 90 DM an das Postamt der betr. Prüfungsbehörde mit dem Kennwort „Seefunkprüfung" oder „Seefunkzeugnis" zu überweisen.

Bremen 5, Postscheckkonto Hamburg 6388-208
Hamburg 13, Postscheckkonto Hamburg 7502-204
Kiel, Postscheckkonto Hamburg 5-205

Prüfung
Die Prüfung besteht aus einem praktischen, einem schriftlichen und einem mündlichen Teil.
Die mündliche Prüfung soll für jeden Bewerber mindestens 15 Minuten betragen.

Prüfungsausschuß
Der Prüfungsausschuß setzt sich aus zwei Fernmeldebeamten zusammen.

Prüfungsanforderungen

1. Prüfungsfächer des praktischen und schriftlichen Teils
1.1. Fehlerfreie Abgabe eines Telegramms mit 20 Wörtern, darunter mehrere verschlüsselte Gruppen, mittels Fernsprecher in höchstens 5 Minuten.
1.2. Fehlerfreie Aufnahme eines Telegramms mit 20 Wörtern, darunter mehrere verschlüsselte Gruppen, mit gut lesbarer Handniederschrift, in höchstens 5 Minuten.
1.3. Praktische Verkehrsabwicklung
Praktische Übungen im Sprechfunk-Verfahren unter Verwendung der Buchstabiertafel, der wichtigsten Q-Gruppen und der anderen betrieblichen Abkürzungen; Verfahren bei Seenotfällen.
1.4. Gerätekunde
Kenntnis des Einstellens und der Bedienung der Seefunkgeräte für den Sprechfunkdienst.
2. Prüfungsfächer des mündlichen Teils
2.1. Vorschriften für den Funkdienst
Kenntnis der im Handbuch für den Dienst bei Seefunkstellen enthaltenen Vorschriften für den Sprech-Seefunkdienst.
2.2. Gebührenberechnung
Kenntnis über die richtige Gebührenberechnung für Funktelegramme und -gespräche.
2.3. Funktechnik
Kenntnis einfacher Grundsätze der Sprechfunkverfahren und der Arbeitsweise der Sprechfunkgeräte sowie Kenntnis der Wartungsvorschriften für die Stromversorgung und tragbare Funkgeräte für Rettungsboote und -flöße.

Prüfungsergebnis

Die Prüfung ist bestanden, wenn der Bewerber den Anforderungen in allen Fächern genügt hat.
Hat ein Bewerber bei einzelnen Prüfungsanforderungen versagt, kann er dafür in angemessener Zeit eine Wiederholungsprüfung beantragen. Gebühr: 45,— DM.

Zeugnisumtausch

Die Verordnung regelt auch den Umtausch der alten Funkzeugnisse gegen neue.

Wer noch ein gültiges „Allgemeines Seefunksprechzeugnis" besitzt, kann es gegen ein neues „Allgemeines Sprechfunkzeugnis für den Seefunkdienst" bei der Prüfungsbehörde umtauschen, die das alte Patent ausgestellt hat. Dem formlosen Antrag müssen das bisherige Zeugnis und 2 Paßbilder (3,5 x 5 cm) beigefügt werden. Für Zeugnisse, die nach dem 15. 5. 1951 erworben wurden, ist der Umtausch kostenlos.

Wenn ein „Allgemeines Seefunksprechzeugnis" nicht mehr gültig ist, kann es nur umgetauscht werden, wenn sich der Inhaber einer Ergänzungsprüfung unterzieht. Die Ergänzungsprüfung beschränkt sich auf die Prüfungsanforderungen 1.1., 1.2., 1.4. und 2.1. und kostet 45,— DM.

Nachprüfung und Zeugnisentzug

Der Vollständigkeit halber sei angemerkt, daß die neue Verordnung schließlich auch noch für eine evtl. Nachprüfung sowie für die Entziehung von Seefunkzeugnissen zuständig ist.

Zu einer Nachprüfung kann die Bundespost auffordern, wenn die Betriebsabwicklung eines Zeugnisinhabers beanstandet wurde oder wenn „Anhaltspunkte dafür vorliegen, daß seine Fertigkeiten und Kenntnisse nicht mehr zur ordnungsgemäßen Wahrnehmung des Seefunkdienstes ausreichen".

Entzogen werden kann ein Patent, wenn sich der betreffende Inhaber der angeordneten Nachprüfung nicht unterzieht oder die Nachprüfung auch bei der Wiederholung nicht bestanden hat. Ferner, wenn „in grober Weise gegen wichtige Funkvorschriften verstoßen oder in anderer Weise die Schiffssicherheit gefährdet wurde, bzw. wer nach seinem dienstlichen Verhalten nicht mehr die Gewähr für eine ordnungsgemäße Wahrnehmung des Seefunkdienstes bietet".

Nr. .... / Name ....

Bundesrepublik Deutschland

**Allgemeines Sprechfunkzeugnis
für den Seefunkdienst**

General Ship

Radiotelephone Operator's Certificate

Besondere Vermerke der ausstellenden Behörde:
Special remarks of issuing administration:

/ Fu 182

⊖ 122.316 11.000 5.71
DIN A 5, Kl. 9241

Abb. 1

Inhaber
Holder

Name: ....
Surname:

Vornamen: ....
Christian names:

Geburtstag: ....
Date of birth:

Geburtsort: ....
Place of birth:

Staatsangehörigkeit: Deutsch
Nationality: German

Lichtbild

Unterschrift des Inhabers: .... *Ruf- und Zuname*
Signature of the holder:

Der Inhaber dieses Zeugnisses hat in einer Prüfung die Kenntnisse und Fertigkeiten zum Erwerb des Allgemeinen Sprechfunkzeugnisses für den Seefunkdienst in Übereinstimmung mit dem Internationalen Fernmeldevertrag und der Vollzugsordnung für den Funkdienst nachgewiesen. Er wurde auf Wahrung des Fernmeldegeheimnisses verpflichtet.

Der Inhaber dieses Zeugnisses ist berechtigt, den Sprechfunkdienst bei deutschen Seefunkstellen nach den in der Bundesrepublik Deutschland geltenden Bestimmungen auszuüben.

The holder of this certificate has given proof in an examination of the knowledge and ability required in accordance with the International Telecommunication Convention and the Radio Regulations annexed thereto for the acquisition of the General Ship Radiotelephone Operator's Certificate.

He has to preserve the secrecy of telecommunications.

The holder of this certificate is authorized to perform the radiotelephone service of German ship stations in accordance with the Regulations in force in the Federal Republic of Germany.

(Dienststempel)

.... den ....

Oberpostdirektion
Im Auftrag

....

Abb. 2

Zwischenstaatliche Vereinbarungen

Funkverkehr ist international ...

Funkwellen werden von der Sendeantenne nach allen Seiten hin abgestrahlt. Sie respektieren keinerlei Landesgrenzen. Je nach Leistungsfähigkeit des Senders gehen sie mehr oder minder weit darüber hinweg. Besonders der Seefunkdienst mit seinen vielfältigen internationalen Verflechtungen verlangt, wenn er reibungslos funktionieren soll, ähnlich wie der Straßenverkehr, nach zwischenstaatlichen Regeln.

Doch nicht der Seefunkdienst allein.

Herr Meyer kann nur dann von seinem Urlaubsquartier auf Teneriffa seinem Vertreter in Hannover fernmündliche Anweisungen geben, wenn Betrieb und Technik des Telefons international aufeinander abgestimmt sind.

Dasselbe gilt für den Telegrafendienst, wenn das Preisangebot der Hamburger Exportfirma in wenigen Minuten den Geschäftspartner jenseits des großen Teiches erreichen soll.

Und wenn Fräulein Müller auf den Fernschreiber tippt, muß sie sich darauf verlassen können, daß der Klartext im gleichen Moment auch bei ihrer Gegenstation in Tokio buchstabengetreu auf die Papierrolle gehämmert wird.

Daß zwischenstaatliche Normen schließlich auch für das Fernsehen wichtig sind, erfahren Sie fast tagtäglich durch aktuelle Satellitenübertragungen aus aller Welt.

Die Notwendigkeit, für den internationalen Fernmeldeverkehr einheitliche Regeln aufzustellen, wird unabhängig ihrer sonstigen politischen und wirtschaftlichen Weltanschauungen praktisch von allen Ländern der Erde akzeptiert. Sie haben sich dafür eine besondere Organisation geschaffen:

Die Internationale Fernmeldeunion in Genf.

Die gegenseitigen Verpflichtungen, den Fernmeldeverkehr untereinander schnell und reibungslos abzuwickeln, das Fernmeldegeheimnis zu schützen und Notmeldungen mit Vorrang zu befördern, werden von Zeit zu Zeit vertraglich neu verankert. Gegenwärtig gilt der

Internationale Fernmeldevertrag, Malaga-Torremolinos 1973 (IFV)

Wie die weitergehenden speziellen Regelungen und die einzelnen Fernmeldedienste betrieblich und technisch durchgeführt, wie die Vertragsbestimmungen des IFV in der Praxis *vollzogen* werden sollen, haben Experten aller Herren Länder in besonderen *Vollzugsordnungen* (VO) festgelegt.

Es gibt Vollzugsordnungen für den
Fernsprechdienst, Telegrafendienst und Funkdienst.

VO Funk

Für die Seefunkausbildung interessiert hier allein die VO Funk, wie sie in fachlicher Kurzform bezeichnet wird.

Die jetzt gültige Ausgabe stammt bereits aus dem Jahr 1959, jedoch sind auf speziellen Seefunkkonferenzen 1967 und 1974 in Genf umfassende Neuregelungen vereinbart worden.

Zunächst ein allgemeiner Stichwort-Überblick über die wichtigsten Abschnitte:

a) Begriffsbestimmungen
Einheitliche Bedeutung für technische und betriebliche Begriffe des Funkdienstes.

b) Technische und betriebliche Erfordernisse der Funkgeräte
Sie sollen dem jeweiligen Stand der Technik entsprechen, um Störungen auf ein Mindestmaß zu begrenzen.

c) Frequenzverteilung
Der gesamte Frequenzbereich ist aufgeteilt in Bänder für Rundfunk, Fernsehen, Seefunk, Flugfunk, Amateurfunk usw.

d) Länderkennungen für Rufzeichen
Das Buchstabenalphabet ist zur Bildung von Rufzeichen international aufgeteilt. Z. B. DAAA — DRZZ für Deutschland, DUA — DZZ für Republik der Philippinen, SAAA — SMZZ für Schweden, SNAA — SRZZ für Polen.

Die Vergabe der Rufzeichen innerhalb der zugeteilten Buchstabenbereiche erfolgt in eigener Zuständigkeit der jeweiligen staatlichen Verwaltungen.

e) Betriebsabwicklung
Bestimmungen über den Not-, Dringlichkeits- und Sicherheitsverkehr sowie über das allgemeine Anrufverfahren und über die Sonderdienste.

f) Schutz des Funkgeheimnisses
Verpflichtung, daß weder das Auffangen noch das Verbreiten von Nachrichten, die nicht für die Allgemeinheit bestimmt sind, gestattet wird. Es darf noch nicht einmal das Vorhandensein solcher Nachrichten bekanntgegeben werden.

g) Genehmigungspflicht
Eine Funkanlage bedarf grundsätzlich der Genehmigung des Landes, zu dem sie gehört.

h) Funkzeugnisse und Prüfungsanforderungen
Die Funkzeugnisse sind nach Klassen und Arten eingeteilt. Mindestkenntnisse für das Funkpersonal, damit es den Funkverkehr flüssig und störungsfrei abwickeln kann.

i) Abrechnungsverfahren
Internationale Verrechnung der Gebühren für Funktelegramme und Gespräche. Einheitswährung: Goldfrank = 100 Centimes.
Kurs: etwa 1 DM = 1,20 GFr, 1 GFr = 0,84 DM.

. . . war es aber nicht immer

Daß die Erfindung der Funktechnik um die Jahrhundertwende in erster Linie der Seeschiffahrt zugute kam, ist nur allzu verständlich.

Sobald ein Schiff hinter der Kimm verschwand, war es ohne jegliche Verbindung zum Festland. Tagelang, wochenlang. Kein Wunder, daß man schon lange alle möglichen Überlegungen anstellte, wie man dennoch Nachrichten von hoher See empfangen könnte.

So war es in der Tat kein Aprilscherz, als im Jahre 1896 in einer Hamburger Zeitung folgende Notiz zu lesen war:

„Die Hamburg-Amerika-Linie beabsichtigt, ihren Passagierdampfern Brieftauben für die Zwecke der Übermittlung solcher Meldungen mitzugeben, welche die Schiffsführer von hoher See aus Anlaß von Havarien oder anderen Ereignissen an die Direction gelangen lassen wollen. Es werden zu diesem Zweck gleichzeitig in Hamburg und in New York Brieftaubenstationen errichtet."

Daß es nicht erst brieftaubenfütternde Matrosen gegeben hat, verdankt die Schiffahrt einem 22jährigen Italiener, dessen seltsames Gepäck mit Schaltern, Kondensatoren und wirren Drahtgebilden wenige Monate später die Zollbeamten in Dover argwöhnisch betrachteten:
Marconi.

Der Londoner Generalpostmeister hatte dem italienischen Erfinder ein verlockendes Angebot unterbreitet, seine drahtlosen Experimente in Großbritannien fortzusetzen. Man witterte die Chance, das bereits vorhandene britische Seekabelmonopol durch die drahtlose Nachrichtentechnik erweitern zu können.

Die gleichzeitig in Deutschland sehr erfolgreich betriebene eigene Funkentwicklung versuchte die englische Gesellschaft zu boykottieren, indem sie ihre Marconistationen angewiesen hatte, jeglichen Funkverkehr mit anderen Funksystemen grundsätzlich abzulehnen.

So gab es anfangs z. B. sogar zwei Notzeichen: „CQD" — come quick, danger! von Marconi und das 1906 auf der ersten internationalen Funkkonferenz in Berlin vereinbarte, auch heute noch gültige „SOS" Es ist historisch belegt, daß die „Titanic" im April 1912 verzweifelt beide Notzeichen ausgesendet hat.

Gerade aber das Titanic-Unglück zeigte schlagartig, daß die Sicherheit auf See sich nicht merkantilen Monopolinteressen unterordnen darf.

Nicht zuletzt auch wegen des technischen Vorsprungs, den das deutsche Telefunken-System inzwischen mit dem Löschfunkensender erreicht hatte, gab man in England die Boykottorder auf und erklärte sich zum systemunabhängigen Funkverkehr untereinander bereit.

Doch nicht nur das. Man ging in der britischen Metropole noch einen Schritt weiter: Noch im gleichen Jahr der Titanic-Katastrophe lud man Schiffahrtsexperten aller Länder ein, um die Probleme der Schiffssicherheit zu erörtern und zu regeln.

1927, 1938, 1947, 1960 und 1974 war London wiederum Gastgeber, um die Sicherheitsbestimmungen der fortgeschrittenen Technik anzupassen. Die z. Zt. gültigen Vereinbarungen sind festgelegt im

Internationalen Schiffssicherheitsvertrag, London 1974
Offiziell heißt diese Vereinbarung eigentlich „Internationales Übereinkommen von 1974 zum Schutz des menschlichen Lebens auf See" bzw, in

der englischen Originalformulierung „International Convention for the Safety of Life at Sea, 1974" (SOLAS 1974), — aber mit der Bezeichnung „ISSV" kommen Sie auf der Prüfung durchaus über die Runden.

In diesem Vertrag verpflichten sich alle schiffahrttreibenden Nationen, einheitliche Grundsätze und technische Vorschriften zum Schutze menschlichen Lebens auf See zu beachten. Es sind Rahmenregelungen, also Mindestanforderungen. Sie können durch internationale Bestimmungen enger gefaßt werden. Kapitel IV ist der Funkausrüstung gewidmet.

Nationale Bestimmungen

Nur Gesetze und Verordnungen verpflichten uns

Fassen wir zusammen:
Für den Seefunkdienst sind zwei weltweite Vertragsregelungen zuständig:

1. VO Funk für die Funkverkehrsabwicklung
2. Internationaler Schiffssicherheitsvertrag (ISSV) für die Funkausrüstung

Es sind dies aber „nur" zwischenstaatliche Vereinbarungen.
Wir Bundesbürger sind nicht von vornherein verpflichtet, sie zu beachten. Das muß uns erst durch Gesetz bzw. Verordnung auferlegt werden.
Bei der deutschen juristischen Gründlichkeit ist das natürlich längst geschehen.
So stammt das in Deutschland als „Grundgesetz des Fernmeldeverkehrs" zu bezeichnende

Fernmeldeanlagengesetz (FAG)

bereits aus dem Jahre 1928 (in der Fassung vom 17. 3. 1977).
Wie das FAG in der Bundesrepublik den gesamten Fernmeldekomplex —
also nicht nur den Funkdienst! — regelt, entnehmen Sie bitte folgender
Zusammenfassung:

1. Hoheitsrecht
Das Recht, Fernmeldeanlagen zu errichten und zu betreiben, steht ausschließlich der Bundesrepublik zu. Auszuüben hat dieses Recht die Deutsche Bundespost.
(Ausnahme: Verteidigungsminister bezüglich Bundeswehr)

2. Verleihungsrecht
Die Befugnis, Fernmeldeanlagen zu errichten und zu betreiben, kann die
DBP mittels einer Genehmigung und entsprechender Bedingungen an
Privatpersonen verleihen. Z. B. Telefon, Fernschreiber, Rundfunk-, Fernsehempfänger oder Seefunkstationen.

Fernmeldeanlagen auf eigenem Grundstück — jedoch keine Funkgeräte! — sind genehmigungsfrei.

(Seefunkanlagen sind im Benehmen mit der Hersteller- bzw. Einbaufirma stets beim Fernmeldeamt 6 Hamburg zu beantragen).

3. Überwachungsrecht
Die DBP behält sich das Recht vor, genehmigte private Fernmeldeanlagen technisch und betrieblich zu überwachen.

4. Benutzungsrecht
Gegen Bezahlung hat jeder das Recht, Nachrichten über öffentliche Fernmeldeanlagen vermitteln zu lassen.

Dazu gehören auch die Seefunkstellen. Das Benutzungsrecht gilt aber nur für die eigenen Bordangehörigen und Passagiere. Schiffe ohne Funkanlage sind nicht berechtigt, eine vorbeifahrende Seefunkstelle für die Funkübermittlung in Anspruch zu nehmen. Ausgenommen in Not- oder Dringlichkeitsfällen.

5. Fernmeldegeheimnis
Jeder, der im Dienst des Fernmeldeverkehrs steht, hat über den nicht für ihn bestimmten Nachrichteninhalt zu schweigen und darf ihn nicht verwerten. Es darf nicht einmal mitgeteilt werden, daß überhaupt Fernmeldeverkehr stattgefunden hat. Dies gilt nicht für Nachrichten, die „an alle" gerichtet sind, wie z. B. Wetterberichte, Warnungen, Notmeldungen usw. Die Geheimhaltungspflicht besteht für den Bordfunker nicht gegenüber seinem Kapitän oder dem in dieser Funktion tätigen Stellvertreter. Aus navigatorischen Gründen kann ein Kapitän fremden und privaten Funkverkehr abhören lassen. Ansonsten ist eine Entbindung vom Fernmeldegeheimnis nur bei entsprechenden Voraussetzungen durch richterlichen Beschluß bzw. durch die Staatsanwaltschaft möglich.

6. Strafbestimmungen
Verstöße gegen das FAG werden teils nach dem Gesetz selbst, teils nach anderen Bestimmungen (StGB) mit Geld- oder Freiheitsstrafe geahndet. Bestraft wird z. B.:
wer das Fernmeldegeheimnis verletzt,
wer ohne Genehmigung eine Fernmeldeanlage errichtet oder betreibt,
wer den Funkbetrieb stört oder zu stören versucht,
wer die Überwachung verhindert,
wer ein Notzeichen mißbraucht.

Bei Verstößen kann die Fernmeldeanlage beschlagnahmt werden.

Postminister — Verkehrsminister: beide sind zuständig

Noch einmal: Aus dem *FAG* ergibt sich in der Bundesrepublik für die *DBP* neben der Kompetenz für Telefon und Telegrafie auch die *Zuständigkeit für den Funkdienst.*

Umgekehrt erwächst der DBP daraus die Verpflichtung, die internationalen Vereinbarungen anzuwenden und einzuhalten. Dazu gehört beispielsweise auch, darauf zu achten, daß eine Seefunkstelle grundsätzlich nur von einem Zeugnisinhaber bedient werden darf und das Seefunkzeugnis wiederum erst auszuhändigen ist, wenn der Bewerber zuvor die Hürde einer entsprechenden Prüfung genommen hat. Die Notwendigkeit einer Seefunkprüfung ist also keine Erfindung der Post, (siehe auch VO Funk).

Wenn Sie eine Seefunkstelle „errichten und betreiben" wollen, müssen Sie kraft FAG somit stets einen Verleihungsakt in Form einer Genehmigung beantragen. Und diese wird Ihnen neben verschiedenen anderen Bedingungen — lesen Sie dazu bitte die Auflagen auf den Seiten 46/47 genau durch! — nur erteilt, wenn Sie den Seefunkdienst — siehe Punkt 11 — nach den Bestimmungen der VO Funk abwickeln. Damit sind diese Verkehrsregeln über das FAG für Sie rechtsverbindlich.

Und was den Internationalen Schiffssicherheitsvertrag betrifft, so ist dafür seitens der Bundesrepublik ein eigenes Beitrittsgesetz und darüber hinaus speziell für die Funkausrüstung an Bord von Seeschiffen eine besondere Verordnung erlassen worden: die Schiffssicherheitsverordnung (SSV) vom 30. Sept. 1980.

Die Schiffssicherheitsverordnung basiert auf dem Internationalen Übereinkommen von 1974 zum Schutz des menschlichen Lebens auf See und schließt dessen Vorschriften mit ein. Sie trifft außerdem Regelungen für Schiffe, auf die das Übereinkommen von 1974 keine Anwendung findet.

Da, wie schon einmal betont, der ISSV lediglich Mindestrahmenregelungen enthält, die durch nationale Verordnungen ausgefüllt bzw. erweitert werden können, ist für Sie nicht so sehr die Kenntnis des Londoner Schiffssicherheitsvertrages von Bedeutung, als vielmehr die der bundesdeutschen Schiffssicherheitsverordnung.

Diese werden wir dafür recht ausführlich zu behandeln haben.

Schiffssicherheitsverordnung (SSV) vom 30. 9. 1980

Ausrüstungsvorschriften

Mit einer *Telegrafiefunkanlage* sind auszurüsten:
1. Fahrgastschiffe ohne Rücksicht auf ihre Größe, ausgenommen
   a) in der Inlandfahrt,
   b) in der Auslandsfahrt nach dänischen Häfen bis zu der geographischen Verbindungslinie der Häfen Esbjerg, Nyborg, Korsör, Gedser, wenn sie weniger als 1000 BRT vermessen.
   (Fahrgastschiffe sind Schiffe, die mehr als 12 Fahrgäste befördern).
2. Frachtschiffe von 300 BRT und mehr, wenn sie für Häfen im Indischen oder Pazifischen Ozean bestimmt sind.
3. Schiffe von 1600 BRT und mehr, ohne Rücksicht auf ihr Fahrtgebiet.

Mit einer *Sprechfunkanlage* (Grenzwelle) sind Schiffe auszurüsten, die nicht nach dem vorstehenden Absatz ausrüstungspflichtig sind und nicht über eine Telegrafiefunkanlage verfügen, und zwar
1. Fahrgastschiffe, die kleiner als 1000 BRT sind und die Verbindungslinien der Häfen Esbjerg, Nyborg, Korsör, Gedser nicht überschreiten. Fahrgastschiffe von weniger als 400 BRT können an Stelle der Grenzwellen-Sprechfunkanlage eine UKW-Seefunkanlage verwenden.
2. Frachtschiffe von 300 BRT und mehr.
3. Fischereifahrzeuge von 300 BRT und mehr.

Frachtschiffe von 300 BRT und mehr, die nach vorstehender Regelung mit einer GW-Sprechfunkanlage ausgerüstet sind und die die Grenzen der *mittleren Fahrt auf Reisen nach atlantischen Häfen überschreiten, sind zusätzlich auszurüsten* mit:
1. einem Telegrafiefunk-Notsender (500 kHz),
2. einem selbsttätigen Telegrafiefunk-Alarmzeichen-Tastgerät, das neben dem Telegrafiefunk-Alarmzeichen die selbsttätige Aussendung des Notzeichens SOS, des Rufzeichens des Schiffes, der Q-Gruppe „qsw 2182" und eines Peilstriches ermöglicht, wobei in vorhandenen Tastgeräten statt der Q-Gruppe die Abkürzung „Isn 2182" weiter verwendet werden kann.
3. einer Funkboje zur Kennzeichnung der Seenotposition,
   (Erläuterung der Funk- oder Seenotboje siehe Seite 121 und 124).
4. aufblasbaren Rettungsflößen für alle an Bord befindlichen Personen,
5. dem Handbuch „Nautischer Funkdienst" Band I bis III und

6. der Weltkarte der Küstenfunkstellen für den Sprechseefunkdienst auf Grenzwellen.

Diese Schiffe müssen außerdem am AMVER-Dienst (Automated Mutual-assistance VEssel Rescue system, — Standortmeldesystem für Handelsschiffe zur Hilfeleistung bei Seenot) teilnehmen.

Fischereifahrzeuge von 300 BRT und mehr, die mit einer GW-Sprechfunkanlage auszurüsten sind, müssen zusätzlich einen Empfänger an Bord haben, der den Empfang der Anruf- und Notfrequenz 2182 kHz gestattet (Sicherheitsempfänger) sowie eine Funkboje zur Kennzeichnung der Seenotposition.

Mit einer *tragbaren Telegrafiefunkanlage (500 kHz)* sind auszurüsten:

1. Fahrgastschiffe von 400 BRT und mehr, sofern sie nicht auf jeder Seite ein Motorrettungsboot mit einer festeingebauten Funkanlage führen,
2. Frachtschiffe in der mittleren und großen Fahrt.

Die tragbare Funkanlage muß leicht zu handhaben und schwimmfähig sein, wenn sie über Bord geworfen wird. Sie ist wöchentlich zu prüfen.

Peilfunkanlagen müssen von Schiffen ab 1600 BRT in der Auslandsfahrt mitgeführt werden.

Peil- bzw. ganz allgemein Ortungsfunkanlagen (Peiler, Radar, Decca, Loran) werden zwar ebenfalls von der DBP genehmigt, die Eignung für navigatorische Zwecke prüft jedoch das DHI.

Die Funkbeschickung ist jährlich oder bereits bei zwischenzeitlicher Veränderung an Decksaufbauten oder Antennen zu veranlassen.

Über alle Maßnahmen und über die Peilungen selbst ist ein besonderes Peilfunkbuch zu führen.

Technische Anforderungen

Eine GW-Sprechfunkanlage besteht aus:

1. Sender
2. Empfänger
3. Alarmzeichengeber
4. Sicherheitsempfänger
5. Hauptstromversorgung
6. Notstromversorgung
7. Antennenanlage (getrennte Sende- und Empfangsantenne)

Sonstige Erfordernisse:

1. Reserveteile, fertige Ersatzantenne bzw. Antennendraht und Isolatoren, ein Satz Reserveröhren, Sicherungen, Werkzeug und Prüfeinrichtungen, destilliertes Wasser usw.

2. Zuverlässige Uhr mit konzentrischem Sekundenzeiger und eingezeichneten Segmenten für die Seenotpausen von der 00.—03. und von der 30.—33. Minute. (Die Sektoren von der 15.—18. und von der 45.—48. Minute sind die Seenotpausen für die Funktelegrafie)

3. Notbeleuchtung

4. Gutes Verständigungsmittel zwischen Brücke und Funkraum

5. Feuerlöscher

6. Nichtleitender Fußbodenbelag

Das Sprechfunkgerät muß typenmäßig von der DBP zugelassen sein und Duplex-Verkehr (Gegensprechen) gestatten. Reichweite: 150 Seemeilen am Tage.

Die *Notstromquelle* (24-Volt-Batterie) muß einen *6stündigen Dauerbetrieb mit Sender und Empfänger* gewährleisten. Sie darf außerdem den Sicherheitsempfänger, Funkpeiler und die Notbeleuchtung sowie ggf. die Bootsdeckbeleuchtung versorgen. Die Batterie ist deshalb stets in gut geladenem Zustand zu halten und *täglich* unter Belastung zu *prüfen*. Im Funktagebuch vermerken!

Dienstunterlagen

An sogenannten Dienstbehelfen sind mitzuführen:

1. Genehmigungsurkunde der Seefunkstelle (Original) (siehe Seite 43)

2. Funkzeugnis

3. Handbuch Seefunk (siehe Seite 51)

4. Funktagebuch (siehe Seite 50 und 68)

5. Mitteilungen für Seefunkstellen (MfS) (siehe Seite 52)

6. Merkblätter (siehe Seiten 52, 54—61 und 122—123)

Allgemeine Vorschriften

Die Funkgeräte und Ersatzstromquelle müssen so hoch und so störungsfrei wie möglich auf dem Schiff untergebracht sein.

Während der Fahrt muß die Notfrequenz 2182 kHz ununterbrochen abgehört werden. Das geschieht am zweckmäßigsten mit einem besonderen Sicherheits- oder Wachempfänger auf der Brücke. Mittels eines Filters läßt sich der allgemeine Anrufverkehr ausblenden, so daß nur die beiden abwechselnd gesendeten Töne (1300 und 2200 Hz) des Sprechfunk-Alarmzeichens empfangen werden können. Der Filter muß abschaltbar sein, damit im Notfall die Aufnahme der sich an das Alarmzeichen anschließenden Meldungen gewährleistet ist. — (Festgelegte Dienst- bzw. Wachzeiten im Funkraum gibt es für Frachtschiffe und Fischereifahrzeuge mit GW-Anlagen nicht mehr).

Den Sprechfunkdienst ausüben darf nur, wer ein gültiges Sprechfunk-zeugnis besitzt. Auf einem ausrüstungspflichtigen Schiff darf jedoch der *Kapitän nicht* zugleich die Stellung als *Alleinfunker* übernehmen. Es muß noch ein anderer Zeugnisinhaber an Bord sein. (Im Notfall wäre sonst der Kapitän überfordert).

Die Seefunkstelle muß längstens alle 12 Monate erneut von einem Ab-nahmebeamten auf die Betriebsfähigkeit überprüft werden. Darüber wird von der Seeberufsgenossenschaft (SBG) ein Funksicherheitszeugnis er-teilt. (Kopie des Funksicherheitszeugnisses siehe Seite 49).

Der Kapitän übt die absolute Befehlsgewalt und Aufsichtspflicht über die Funkanlage aus. Dessenungeachtet hat der Funker für eine pflegliche und betriebsgerechte Handhabung aller Geräte und für einen einwand-freien Funkdienst zu sorgen.

Rundfunkempfänger dürfen nur mit Zustimmung des Kapitäns betrieben werden. Außenantennen nur, soweit sie zur festen Schiffsausrüstung ge-hören, da sonst Mißweisung des Funkpeilers, — Amateurfunkanlagen sind nicht zulässig.

Antennen nur im Hafen niederholen, vor dem Auslaufen rechtzeitig wieder setzen.

Diese vorstehenden Bestimmungen der Schiffssicherheitsverordnung gelten für nichtausrüstungspflichtige Seefahrzeuge — z. B. Yachten, Fischkutter usw. nur zum Teil. Außerdem können Yachten und Fischkutter von der Funktagebuchführung befreit werden.

Buddelschiff

Die Unterschiede bei den Regelungen für den Seefunkverkehr und für die Seefunkausrüstung sind erfahrungsgemäß für den Neuling etwas schwer auseinanderzuhalten. Vielleicht hilft das Buddelschiff etwas weiter: das Schiff heißt „Seefunk" und wird von zwei Säulen getragen. Die eine heißt: Funkbetrieb bzw. Funkverkehr, die andere Funkausrüstung. Außerdem sind sie waagerecht in eine internationale und nationale Ebene unterteilt.

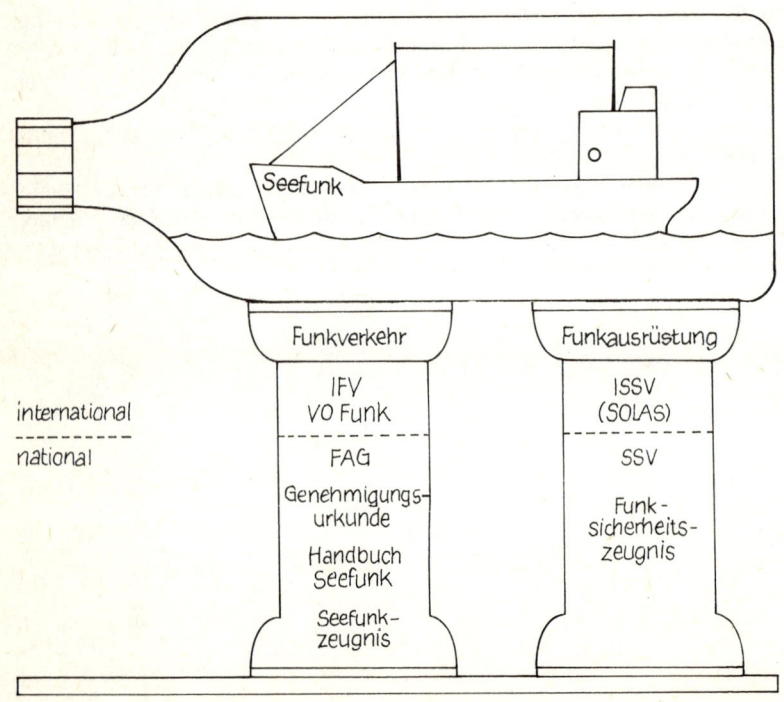

Küstenfunkstelle Norddeich Radio; hier: Betriebsgebäude und Empfangsan-
tennen der Empfangsfunkstelle Utlandshörn.   Foto: DBP

Küstenfunkstelle Kiel Radio (DAO)

Sprechfunk-Arbeitsplatz bei Kiel Radio

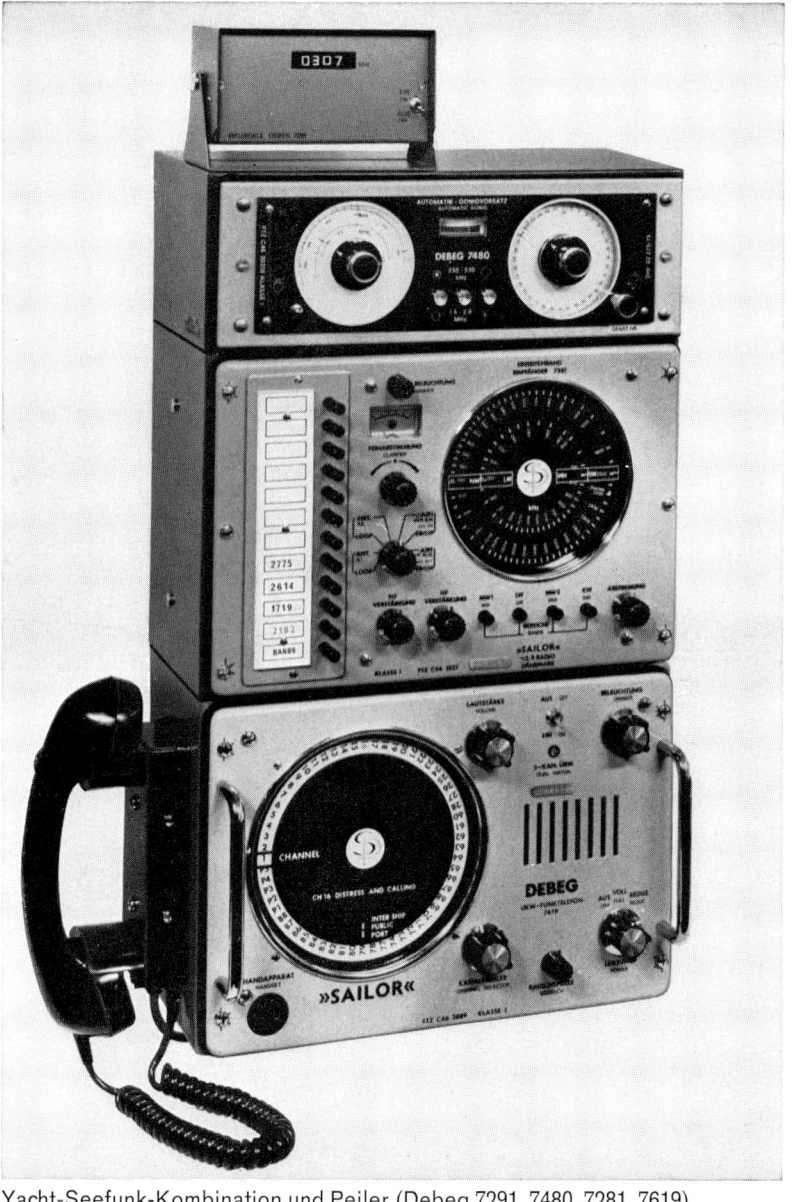

Yacht-Seefunk-Kombination und Peiler (Debeg 7291, 7480, 7281, 7619)

35

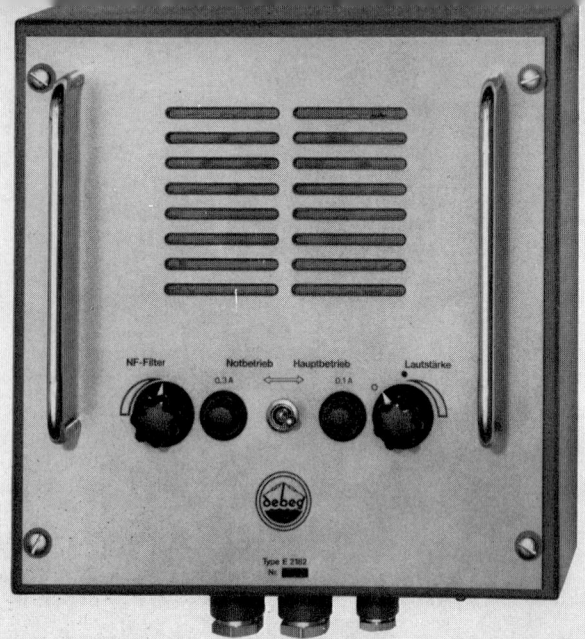

Sicherheits-/Wachempfänger Typ 2182

Tragbare Rettungsbootstation

Seenotfunkboje (EPIRB)

Vom Antrag bis zur Genehmigung

Ein Schiff wird Seefunkstelle

Taufen wir unser Ausbildungsschiff „Seeadler".
Doch das genügt noch nicht. „Seeadler" gibt es viele. Damit es nicht mit anderen verwechselt werden kann, lassen wir uns vom Schiffsregister ein Unterscheidungssignal zuteilen. Es ist vierstellig. Wie dieses zum Beispiel: DFTG. Das fügen wir dem Schiffsnamen per Bruchstrich hinzu:

Seeadler/DFTG

Unsere „Seeadler/DFTG" soll ein Kümo von 300 BRT sein. Damit liegt sie genau an der untersten Grenze für die Funkausrüstungspflicht. Nach zwischenstaatlichen bzw. bundesdeutschen Vorschriften — Sie kennen sie bereits: den Internationalen Schiffssicherheitsvertrag bzw. die Schiffssicherheitsverordnung — müssen alle Frachtschiffe von 300 BRT bis 1599 BRT eine Sprechfunkanlage für Grenzwelle (GW) an Bord haben.
Die für Sie hier ausgewählte Schiffsgröße bzw. Schiffsgattung hat für die Ausbildung den großen Vorteil, daß alle Prüfungsanforderungen, die sich wegen der Allgemeingültigkeit des Sprechfunkzeugnisses zu einem großen Teil mit den internationalen Schiffssicherheitsvorschriften befassen (müssen), hierbei ganz automatisch berücksichtigt werden.

Aufbau der Seefunkgeräte

Um eine geeignete Funkanlage auswählen und einbauen lassen zu können, wenden wir uns an versierte Fachfirmen für Seefunkgeräte. Dort schauen wir uns die verschiedenen Typen etwas näher an.
Da sind zunächst die Geräte in der typischen Gestellbauweise: Unten oft ein Extra-Netzteil mit dem Ein- und Aus- bzw. Bereitschaftsschalter, mit den verschiedenen Sicherungsschrauben und Kontroll-Lämpchen. Hinter

dieser Frontplatte verbergen sich die Bauteile und Schaltelemente wie Transformatoren, Gleichrichter und Siebketten, um die verschiedenen Spannungen für Sender und Empfänger zu erzeugen und zu verteilen. Vielfach befinden sich Netzteile innerhalb des Senders und Empfängers. Darüber bzw. in der Mitte der Empfänger mit seiner großen Glasskala. Er weist ein paar Schalter und Knöpfe mehr auf als ein Rundfunkgerät. Dafür soll und kann er — abgesehen vom Klang — auch mehr leisten.

Die Skala ist in kHz = Kilohertz, in den höheren Frequenzbereichen in MHz = Megahertz (= 1000 kHz) geeicht. Was Hertz und Frequenz bedeuten bzw. welche Beziehung beide miteinander haben, wird Ihnen unter dem Abschnitt „Technik" näher erläutert.

Hat der Empfänger neben dem üblichen Lautstärkeregler noch eine getrennte Hochfrequenzverstärkung, üben Sie, wie man den richtigen Schwellwert einstellt.

Was der A1-Schalter bedeutet, erkläre ich Ihnen etwas später. Wie der Empfänger technisch arbeitet, noch etwas später. Alles zu seiner Zeit.

Darüber, ganz oben, dann der Sender. Er ist sicherlich für Sie am interessantesten. Da Sie aber noch kein Funkpatent haben, wollen und müssen wir mit seiner Bedienung noch zurückhaltend sein. Begnügen Sie sich bitte im Moment mit der Kenntnis, daß er in der Gestellbauweise seinen Platz stets oben hat. Einmal wegen der besseren Wärmeabstrahlungsverhältnisse — wegen des größten Stromverbrauchs von allen drei Geräteteilen schwitzt er naturgemäß am meisten — und zum anderen, weil die Sendeantenne dort am ungefährlichsten nach außen geleitet werden kann. Trotzdem: Vorsicht! Hochfrequenzverbrennungen sind wesentlich unangenehmer und langwieriger als die unfreiwillige Berührung mit dem Bügeleisen.

Seefunkgeräte müssen zugelassen sein

Der Firmenangestellte vergißt nicht darauf hinzuweisen, daß „alle Geräte von der Post zugelassen sind und eine FTZ-Prüfnummer haben".

Nun, dieser Hinweis ist eigentlich überflüssig. Von einer Fachfirma erwarten wir ohnehin, daß sie uns kein Gerät anbietet, dessen Prototyp nicht vorher eine ziemlich harte Prozedur beim Fernmeldetechnischen Zentralamt (FTZ) in Darmstadt durchgemacht hat. So ähnlich wie beim Autotest im Fernsehen: auf einem Rüttelgestell wird Windstärke 10 nachempfunden, in einem überhitzten Raum werden die Tropen simuliert und danach folgt auch hier der Kältetest mit Grönlandtemperaturen.

Wehe, wenn sich dabei irgendein Einzelteil löst oder die Strom- bzw. Spannungswerte aus der Toleranz wandern! Dann geht das Gerät ohne Prüfnummer zurück, aber die nicht ganz kleine Test-Rechnung muß natürlich trotzdem bezahlt werden.

Aber das kommt selten vor. Die Herstellerfirmen kennen die „TÜV"-Bedingungen des FTZ genau und haben sich darauf eingestellt. Daher auch der leider wesentlich höhere Preis für Seefunkanlagen gegenüber anderen Funkgeräten, die einen weniger strapaziösen Standort im breiten Palisander-Wohnzimmerschrank haben.

Die getrennte Funkanlage besteht aus zwei Teilen: Empfänger für sich und Sender mit Netzteil für sich. Ob der Empfänger rechts oder links oder unterhalb vom Sender eingebaut wird, hängt von den räumlichen Verhältnissen an Bord ab.

Stromversorgung

Mit dem Funkgerät allein können Sie allerdings noch nichts anfangen. Das ist wie beim Kauf eines Segelbootes: der Angebotspreis versteht sich nicht für das komplette Fahrzeug. Die Segel kosten extra. Und was für die Jolle das Segel, ist für das Funkgerät die Stromversorgung und Antennenanlage. Ohne sie bekommen wir in das Funkgerät weder etwas hinein noch etwas heraus.

Leider ist es mit ein paar Trockenbatterien nicht getan. Was den Technikern mit den Transistoren gelang, gilt nur für *Funkempfänger,* und nicht auch für leistungsfähige Sender. Mit unserem Bordfunkgerät wollen und müssen wir größere Distanzen überbrücken als der uniformierte Ordnungspolizist, der am Straßenrand den Demonstrationszug verfolgt. Der braucht seine Meldungen nur bis zur nächsten Straßenecke weiterzugeben. Das ist mit einem „Walkie-Talkie" noch einigermaßen gut zu schaffen. Aber selbst dort wird es schon problematisch, wenn seine Kameraden an der Straßenkreuzung abgebogen sind und die schwachen Funkwellen vom hohen Eckhaus „abgeschattet" werden.

Wer sich über größere Entfernungen per Funk unterhalten will, ist auch heute noch weitgehend auf einen *Röhrensender* angewiesen. Und der braucht halt seinen ausreichenden „Saft", damit genügend Energie in die Sendeantenne gelangen kann.

Ist bereits eine ausreichende Stromversorgung an Bord, die auch den zusätzlichen Bedarf der Funkanlage decken kann, um so besser. Sonst muß sie erweitert werden.

Unsere ausrüstungspflichtige „Seeadler" benötigt sogar zwei voneinander unabhängige Stromquellen: eine für den Hauptbetrieb und eine Ersatzanlage für den Notfall. Letztere muß in der Lage sein, 6 Stunden lang Sender und Empfänger zu versorgen. Es dürfen auch Notbeleuchtung, Sicherheitsempfänger und Funkpeiler angeschlossen werden.

Die Hauptversorgung übernimmt das Schiffsnetz.

Die Ersatzanlage besteht in der Regel aus 4 Bleisammlern von je 6 Volt, deren hintereinandergeschaltete Zellen insgesamt 24 Volt Gleichspannung ergeben und einen Umformer antreiben. Der seinerseits erzeugt eine Wechselspannung von meistens 220 Volt, die im Gegensatz zur Gleichspannung die technische Möglichkeit bietet, auf jede x-beliebige Spannung herauf- oder heruntertransformiert werden zu können.

Wer auf einem kleinen Fahrzeug keinen eigenen knatternden „Jockel" an Bord hat, ist stets auf Batterie-Umformer bzw. Batterie-Wechselrichter-Betrieb angewiesen.

Antennenanlage

Stimmen muß auch das Verhältnis Funkgerät : Antennenanlage.

Was nützt ein starkes Funkgerät, wenn seine Leistung nicht von einer entsprechend großen Antennenanlage aufgenommen und abgestrahlt werden kann? Das ist bei Sportbooten und Yachten meistens das größte Handikap. Stromversorgung und Funkgerät lassen sich zur Not noch in recht leistungsfähiger Ausführung unterbringen, doch für die Antennen — Achtung: Plural! — fehlt der Platz. Vor allen Dingen die Höhe. Einmal müssen Empfangs- und Sendeantenne aus kopplungstechnischen Gründen möglichst weit voneinander entfernt und nicht parallel angebracht sein, zum anderen ist bei der Sendeantenne nicht zuletzt auch noch der Unfallschutz zu bedenken. Diese Antennenkompromisse können ein leistungsstarkes Funkgerät erheblich entwerten. Man kann dies mit einem teuren Sportwagen vergleichen, der sich nur im 1. Gang fahren läßt. Oder, um im Schiffahrtsmilieu zu bleiben: der stärkste Antriebsmotor ist wertlos, wenn ihm nicht ein entsprechender Propeller „angepaßt" wird.

Ein Tip für sogenannte „nichtausrüstungspflichtige Schiffe".

Für diese gibt es besonders zugelassene Funkgeräte, bei denen die

Bundespost gegenüber den „Pflichtanlagen" hinsichtlich der Ausbreitungsfähigkeit gewisse Einschränkungen akzeptiert. Da diese Geräte aber ebenfalls unter dem Gesichtspunkt zugelassen worden sind, im Ernstfall menschliches Leben auf See retten zu helfen und im Normalfall einwandfreien internationalen Funkverkehr abzuwickeln, hat man weitergehende Konzessionen was die Stabilität, Zuverlässigkeit und Frequenzkonstanz betrifft, nicht eingeräumt.

Antrag auf Genehmigung

Inzwischen haben wir uns für eine bestimmte Seefunkanlage mit dem notwendigen Drumherum entschieden.
Wir lassen uns von der Fachfirma einen Antrag geben, füllen ihn mit ihrer Hilfe aus, unterschreiben ihn und schicken ihn an die Post. Genauer:
An das
   Fernmeldeamt 6
   Postfach 30 17 92
   2000 Hamburg 36
Das Fernmeldeamt 6 Hamburg ist für den Seefunk die wichtigste Dienststelle. Es ist für alle formellen, betrieblichen und technischen Angelegenheiten dieses Nachrichtenzweiges zuständig.
Für einen evtl. persönlichen Besuch bzw. für einen fernmündlichen Anruf lauten die Angaben:
   Lagerstraße 7
   2000 Hamburg 6
   Fernsprecher (0 40) 41 10-1

Funkabnahme

Mittlerweile hat die Seefunkfachfirma die Anlage eingebaut. Sender und Empfänger sind betriebsfertig.
Damit allein ist es jedoch noch nicht getan.
Auch hierzu ein Vergleich, den Sie von Ihrem neuen Wagen her kennen: bevor Sie ihn in Betrieb nehmen durften, mußten Sie ihn trotz seines jungfräulichen Zustandes zunächst der Ordnungsbehörde vorführen — Winker links, Winker rechts, auf die Bremse treten usw. Erst dann wurde Ihnen die amtliche Zulassung ausgehändigt.
Ähnlich ergeht es Ihnen mit der Seefunkanlage.

Im Gegensatz zum Kraftfahrzeug allerdings, wo Sie zur Zulassungs-
stelle hinfahren müssen, kommt man Ihnen beim Seefahrzeug buchstäb-
lich sehr weit entgegen. In welch entlegenem deutschen Hafen Sie Ihren
schwimmenden Untersatz auch vertäut haben; Sie können ihn dort lassen.
Man sucht Sie auf.

Zünftig mit Prinz-Heinrich-Segler-Mütze, ansonsten aber recht zivil, er-
scheint gemäß der vorherigen fernmündlichen Verabredung ein postali-
scher Funkabnahmebeamter.

Freuen Sie sich auf seinen Besuch, denn was er kontrollieren will, dient
Ihrer Sicherheit! Lassen Sie ihn deshalb ohne Herzklopfen — Ihrerseits
— alles kritisch-prüfend in Augenschein nehmen und an allen möglichen
Schaltern und Knöpfen drehen. Er wird die Sendequarze von der See-
funkbeobachtungsstelle St. Peter-Ording einmessen lassen, ob sie innerhalb der Toleranz liegen. Ferner wird er den Zeigerausschlag am Instru-
ment ablesen, auf das Peildeck klettern, die mit Persenning geschützte
Akkukiste öffnen und den Säureheber in die Zellen tauchen. Findet er
überall 1,28 Säuredichte vor, ist er zufrieden.

Auch interessiert er sich für die mittelbaren Ausrüstungsgegenstände.
Z. B. ob die Uhr 12,5 cm Durchmesser, einen konzentrischen Sekundenzeiger und die farbigen Seenotpausen-Sektoren von der 00.—03. und von
der 30.—33. Minute hat. Vor allem aber, ob die Uhr auch tatsächlich
„sichtgerecht" angebracht ist. Sogar den Feuerlöscher schaut er sich an.
Es muß ein Trockenlöscher sein. Mit einem Naßlöscher wären Sie nämlich bei einem evtl. Brand für die unter Spannung stehenden Geräte oder
Kabel ein vorzüglicher Kurzschlußleiter. Vermutlich das letzte Mal.

Schließlich will er noch die Dienstbehelfe sehen. Was das sind? Das ist
behördliches Papierdeutsch im wörtlichen Sinne: z. B. das Funktagebuch,
das Seefunkzeugnis, das Merkblatt, das postoffizielle Dienstwerk „Handbuch Seefunk" usw. — Unterlagen also, die Ihnen den Funkdienst erst
ermöglichen bzw. die Ihnen dabei helfen. Daher der Name.

Sollte der im Außendienst des Fernmeldeamtes 6 Hamburg tätige Ab-
nahmebeamte tatsächlich das eine oder andere zu beanstanden haben,
so ist das zwar im Moment nicht erfreulich, andererseits aber doch wiederum sehr beruhigend für Sie. Auf hoher See könnte sich ein technischer
Mangel an Ihrer Seefunkstelle unter Umständen lebensgefährlich auswirken. Im übrigen haben Sie keine Unkosten davon. Für Ihr gutes Geld können Sie von der Einbaufirma einwandfreie Arbeit und Ware verlangen. Es

Originalurkunde für die Seefunkstelle

GENEHMIGUNGSURKUNDE

Document of Licence

Die Genehmigung zum Errichten und Betreiben der umseitig gekennzeichneten Seefunkstelle
Permission for the installation and operation of the ship's radio station on board of

des ....

| Name des Schiffes | Unterscheidungs-/Rufzeichen |
| *Name of Ship* | *Call Sign* |

| Heimathafen | Größe BRT | Selektivrufnummer |
| *Port of Registry* | *Gross Tonnage* | *Selective Call Number* |

wird de ....
Is granted to

Inhaber der Genehmigung (Eigentümer lt. Schiffsregister)
Holder of Licence (Owner of the Ship)

....

in ....

....

auf Grund der §§ 1 und 2 des Gesetzes über Fernmeldeanlagen in der Fassung der Bekanntmachung vom 17. März 1977 (BGBl. I S 459) unter den Auflagen auf der Seite 3 erteilt.

Particulars of the radio installation are shown on the reverse of this licence.

Hamburg, den ....
dated

FERNMELDEAMT 6

(Dienststempel)   Im Auftrag

Abb. 3   43

Kennzeichnung der Seefunkstelle *)
Particulars of Ship Station

1. **Hauptsender:**
   Main transm.:

   gespeist aus:
   supplied by:

2. **Notsender:**
   Emerg. transm.:

   gespeist aus:
   supplied by:

3. **Sonstige Sender:** a)
   Other transm.:

   gespeist aus:
   supplied by:

   b)

   gespeist aus:
   supplied by:

   c)

   gespeist aus:
   supplied by:

4. **Haupt- und Notsender elektrisch getrennt oder verbunden?**
   Main and emerg. transm. electr. separated or combined?

5. **Sendefrequenzen** (MW/GW, KW, UKW)
   Transm. frequencies (MF , HF, VHF/UHF)

   gemäß Anlage 17 des Handbuchs für den Dienst bei Seefunkstellen.

   Zuteilungsreihen und -gruppen für Telegrafie im Kurzwellenbereich:

   Anruffrequenzen (A1)   An   An

   Arbeitsfrequenzen (A1)   /

   Sonderzuteilungen:
   (z. B. 156,0 und 121,5 MHz)

6. **Antenne:** Höhe über Tiefflademarke: m,
   Aerial above load line:

   Stromstärken in der Hauptantenne bei A2 500 kHz (Hauptsdr.)   A, in der Notant.   A,
   Current measured   bei A2 500 kHz (Notsdr.)   A,

7. **Hauptempfänger:**
   Main receiver:

   gespeist aus:
   supplied by:

8. Notempfänger:
   Emerg. receiver: gespeist aus:
                                                         supplied by:

9. Sonstige Empfänger:
   Other receivers: gespeist aus:
                                                         supplied by:

10. Selbstt. Funkalarmgerät:
    Auto-alarm: gespeist aus:
                                                         supplied by:

11. Alarmzeichen-Tastgerät:
    Automatic keying device: gespeist aus:
                                                         supplied by:

12. Tragb. Funkgerät für Rettungsboote:
    Lifeboat portable radio apparatus:

13. Funkgerät im Motorrettungsboot:
    Radio equipm. within motorlifeboat:

14. Selektivruf-Decoder
    Selective calling device

Gruppe: Betrieb der Seefunkstelle durch:
Category: *Exploited by:*

Art des Verkehrs: Gebührenabrechnung durch:
Nature of service: *Accounts settled by:*

Dienststunden:
Hours of service:

Bemerkungen:
Remarks:

*) Angabe von Hersteller, Type, Leistung, Frequenzbereich, Sendeart.
**) Wahl der Frequenzen und Betriebsarten gem. Handbuch für den Dienst bei Seefunkstellen.

Abb. 4   45

Auflagen

1. Die Genehmigung ist nicht übertragbar. Die Genehmigungsurkunde wird dem Leiter der Seefunkstelle ausgehändigt. Sie bildet den Ausweis für die Seefunkstelle und ist an gut sichtbarer Stelle im Funkraum auszuhängen. Das Doppel der Genehmigungsurkunde bleibt im Gewahrsam des Inhabers.

2. Der Inhaber der Genehmigung kann den *Betrieb* der Seefunkstelle einem Dritten übertragen, den der Bundesminister für das Post- und Fernmeldewesen für diese Zwecke zugelassen hat. Er bleibt aber dafür verantwortlich, daß die Auflagen erfüllt werden.

3. Der Inhaber der Genehmigung haftet für alle Schäden, die der Bundesrepublik Deutschland mittelbar oder unmittelbar durch die Errichtung oder den Betrieb der Funkanlage entstehen.

4. Die Ausrüstung der Seefunkstelle mit Funkanlagen und ihre Unterbringung an Bord richten sich nach den Funksicherheitsverordnung und den einschlägigen Bestimmungen der DBP. Es dürfen nur Funkgeräte solcher Typen verwendet werden, die der Bundesminister für das Post- und Fernmeldewesen für Seefunkstellen zugelassen hat. Die technischen Einrichtungen dürfen nicht ohne Genehmigung der Deutschen Bundespost (DBP) geändert werden, wenn dadurch die Sende- und Empfangswirkung der Seefunkstelle beeinflußt wird. Die Kennzeichnung der Seefunkstelle (Seite 2 dieser Genehmigung) darf nur durch einen Beauftragten der DBP geändert oder ergänzt werden. Die tragbaren Funkanlagen der Seefunkstelle dürfen nicht an Land betrieben werden.

5. Die Einbauarbeiten und die genehmigungspflichtigen Änderungen müssen stets so zeitig beendet sein, daß der Beauftragte der DBP die Seefunkstelle vor der Ausreise des Schiffes prüfen und abnehmen sowie die Ausweispapiere ausfertigen kann.

6. Den Beauftragten der DBP ist das Betreten des Schiffes sowie der Räume, in denen sich Einrichtungen der Seefunkstelle befinden, jederzeit zu gestatten, damit die vorschriftsmäßige Beschaffenheit der technischen Einrichtung geprüft und Einblick in die Betriebsvorgänge und -unterlagen genommen werden kann. Ihnen sind dabei alle gewünschten Auskünfte über die Seefunkstelle und ihren Betrieb zu erteilen.

7. Der Zutritt zur Seefunkstelle und die Einsicht in die Betriebs-

a) Es ist unzulässig, Funksendungen aufzufangen, die nicht für die Aufnahme durch die Seefunkstelle zugelassen oder nicht für sie bestimmt sind (vgl. Ziffer 9).

b) Über sämtliche Mitteilungen, die über die Seefunkstelle zu befördern oder zur Beförderung bei ihr aufgegeben sind, ist Stillschweigen zu bewahren. Die Schweigepflicht erstreckt sich auch auf die näheren Umstände des Funkverkehrs, vornehmlich darauf, ob und zwischen welchen Personen ein Funkverkehr stattgefunden hat. Das gleiche gilt für alle unabsichtlich empfangenen Funksendungen. Diese Sendungen dürfen weder aufgezeichnet noch Dritten mitgeteilt, noch irgendwie verwendet werden; es darf nicht einmal ihr Vorhandensein angedeutet werden.

c) Jede Verletzung des Fernmeldegeheimnisses wird strafrechtlich verfolgt.

Die Beaufsichtigung der Seefunkstelle obliegt dem Kapitän oder seinem Stellvertreter, solange letzterer die Leitung des Schiffes tatsächlich ausübt. Diesen Personen gegenüber besteht daher die Pflicht zur Wahrung des Fernmeldegeheimnisses nicht.

11. Für den Dienst der Seefunkstelle gelten die Bestimmungen des Internationalen Fernmeldevertrags nebst Vollzugsordnungen für den Funkdienst, des Schiffssicherheitsvertrages nebst den hierzu erlassenen deutschen Verordnungen sowie die einschlägigen Bestimmungen der DBP. Der Inhaber der Genehmigung ist verpflichtet, die Seefunkstelle mit den Dienstbehelfen nach den Bestimmungen der Vollzugsordnung für den Funkdienst sowie mit dem Handbuch für den Dienst bei Seefunkstellen zu versorgen. Das Funktagebuch ist nach Anlage 5 der Funksicherheitsverordnung zu führen.

12. Bei einem Aufenthalt in fremden Hoheitsgewässern sind die dort geltenden Vorschriften über den Funkdienst zu befolgen. Es ist Sache des Inhabers der Genehmigung, den Funkern von solchen Vorschriften Kenntnis zu verschaffen.

13. Für die Genehmigung ist eine monatliche Gebühr von 6,- DM zu zahlen. Die Gebührenpflicht beginnt mit dem 1. des Monats, in dem die Seefunkstelle genehmigt worden ist; sie endet

vorgänge und -unterlagen sind nur Personen zu gestatten, die dort beruflich tätig sind oder die ein Aufsichtsrecht über die Seefunkstelle haben und die nach Nr. 10 auf die Wahrung des Fernmeldegeheimnisses hingewiesen worden sind.

8. Die Seefunkstelle darf nur von Personen bedient werden, die ein von der DBP ausgestelltes oder anerkanntes, für die Seefunkstelle vorgeschriebenes, gültiges Seefunkzeugnis besitzen. Bei einer Telegrafie-Seefunkstelle darf eine vorhandene UKW-Seefunkanlage auch von Personen bedient werden, die im Allgemeinen Sprechfunkzeugnis für den Seefunkdienst besitzen, sofern die UKW-Seefunkanlage außerhalb des Funkraums bedient wird. Auf funkausrüstungspflichtigen Schiffen darf der Kapitän nicht die Stellung eines Funkers einnehmen.

9. Die Seefunkstelle ist verpflichtet, im Rahmen ihrer Zulassung lt. Kennzeichnung unter „Art des Verkehrs" mit jeder Küstenfunkstelle und mit jeder Seefunkstelle ohne Unterschied der von ihnen benutzten Funkeinrichtung Telegramme auszutauschen oder zu vermitteln und Gesprächsverbindungen herzustellen. Sie darf die Funkdienste „an alle" (CQ) aufnehmen und verwenden. Andere Funknachrichten (z. B. Presse- oder Wirtschaftsnachrichten, Darbietungen des Ton- und Fernseh-Rundfunks) dürfen nur empfangen werden, wenn die Seefunkstelle Teilnehmer der betreffenden Dienste ist.

Unzulässig ist es, außer nach § 14 des Gesetzes über Fernmeldeanlagen (FAG), Funksendungen absichtlich aufzufangen, die nicht für die Seefunkstelle bestimmt sind oder die von ihr nicht weitervermittelt werden sollen.

10. *Der Inhaber der Genehmigung hat das Fernmeldegeheimnis (vgl. §§ 10, 11, 14 FAG) zu wahren. Er ist dafür verantwortlich, daß der Kapitän und alle Personen, die zur Bedienung oder Beaufsichtigung der Seefunkstelle befaßt sind, sowie alle Personen, die von dem Inhalt oder auch nur von dem Vorhandensein von Funktelegrammen und Funkgesprächen oder von jeder anderen durch den Funkdienst erlangten Nachricht durch ihre dienstliche Tätigkeit Kenntnis erlangen können (z. B. bei der Zustellung der Telegramme oder beim Herbeirufen von Personen zu Funkgesprächen an Bord bzw. mit den Funkunterlagen an Land befaßten Angestellten), insbesondere auf folgendes hingewiesen werden:*

mit Ablauf des Monats, in dem die Genehmigung erlischt und die Genehmigungsurkunde sowie das Doppel der Genehmigungsurkunde an die DBP zurückgegeben werden (siehe Nr. 14). Die Gebühren sind jedoch stets mindestens 12 Monate lang (Mindestgenehmigungsdauer) zu zahlen, auch dann, wenn die Genehmigung vorher erlischt oder der Betrieb der Seefunkstelle während dieser Zeit ruht.

14. Sobald die Genehmigung erlischt, sei es, daß die DBP sie widerruft oder daß der Inhaber auf sie verzichtet, sind die Genehmigungsurkunde und das Doppel der Genehmigungsurkunde unaufgefordert und unverzüglich an das Fernmeldeamt 6, Hamburg, zurückzugeben. Die Funkanlage ist sogleich von Bord zu nehmen.

15. Der Aufforderung der DBP, den Betrieb der Seefunkstelle vorübergehend ganz oder teilweise einzustellen, muß der Inhaber der Genehmigung nachkommen. Wenn die DBP es verlangt, sind für die Zeit der Betriebseinstellung die Genehmigungsurkunde an das Fernmeldeamt 6, Hamburg, zurückzugeben und die Funkeinrichtungen von Bord zu nehmen oder durch Entfernen wesentlicher Teile unbrauchbar zu machen. Die Verpflichtung des Inhabers der Genehmigung zur Gebührenzahlung wird durch die vorübergehende Einstellung nicht berührt.

16. Die Bordgebühr für Funktelegramme und Funkgespräche wird vom BPMin festgesetzt; sie verbleibt dem Inhaber der Genehmigung. Über Gebührenschuld und Gebührenforderung der Seefunkstelle für Funktelegramme, Funkgespräche usw. ist mit dem Posttechnischen Zentralamt (PTZ) abzurechnen, sofern nicht die Abrechnung einer vom BPMin zugelassenen Abrechnungsgesellschaft übertragen worden ist. Die in Rechnung gestellten Gebühren werden mit der Bekanntgabe der Rechnung fällig und sind sogleich ohne Abzug zu entrichten.

17. Die DBP kann diese Auflagen jederzeit ergänzen oder ändern. Der Inhaber der Genehmigung ist verpflichtet, jeder Ergänzung oder Änderung unverzüglich nachzukommen und alle hierbei etwa entstehenden Kosten für Änderungen der technischen Einrichtungen und für sonst notwendige Aufwendungen zu zahlen.

18. Bei Verletzung der Auflagen oder der einschlägigen gesetzlichen Bestimmungen sowie aus sonstigem wichtigen Grunde kann die DBP die Genehmigung widerrufen.

Abb. 5

ist deren Sache, die festgestellten Mängel innerhalb des vereinbarten Gesamtpreises in Ordnung zu bringen.

Genehmigungsurkunde

Doch Seefunkfachfirmen kennen ihr Geschäft. Zumeist gibt es nichts zu beanstanden. Somit kann Ihnen der Funkabnahmebeamte ruhigen Gewissens die vorläufige Genehmigungsurkunde aushändigen und seinen gesiegelten Prüfvermerk ins Funktagebuch setzen. Die richtige Urkunde erhalten Sie später durch die Post zugestellt. Doppelt sogar. Das Original gehört sichtbar ausgehängt neben die Anlage, das Doppel zu Hause in die Schreibtischschublade des Schiffseigners.

Das Muster einer Genehmigungsurkunde sowie deren bedeutsame „Auflagen" sehen Sie auf den Seiten 43—47.

Die gesamte Seefunkorganisation einschließlich Funkabnahme, Genehmigungsurkunde usw. verursachen Verwaltungs- und Betriebskosten. Deshalb möchte die Post, daß Sie sich daran beteiligen. Keine Sorge, die Genehmigungsgebühr ist nicht hoch. Wenn Sie zum Werbeslogan der Fernsehlotterie noch 1,— DM hinzufügen, gilt er auch für Sie: „Mit 6,— DM sind Sie dabei!" —

Pro Monat.

Funksicherheitszeugnis

Für unsere „Seeadler/DFTG" ist mit dieser Funkabnahme noch ein weiterer Akt verbunden: ein Prüfbericht des Beamten an die Seeberufsgenossenschaft. Sie wissen doch: laut Schiffssicherheitsverordnung benötigt jedes „funkausrüstungspflichtige Schiff" von der SBG ein Sicherheitszeugnis. Es muß jährlich auf Grund einer weiteren Prüfung erneuert werden. Wie das Funksicherheitszeugnis aussieht, zeigt Ihnen die Seite 49.

Seefunkstelle

Nachdem wir mit unserem Postbesuch die letzte Zigarette geraucht und ihn zu seinem Wagen gebracht haben, kehren wir an Bord zurück.

Das Unterscheidungssignal DFTG ist jetzt zugleich „Rufzeichen". Denn unsere „Seeadler/DFTG" ist von nun an nicht mehr „bloß" ein Schiff, sondern sie darf sich künftig außerdem stolz „Seefunkstelle" nennen. So jedenfalls spricht fortan nur noch die Post von ihr, — und es wäre gut, wenn auch Sie sich diesen Begriff aneignen würden.

SPRECHFUNK-SICHERHEITSZEUGNIS
FÜR FRACHTSCHIFFE

Bundesrepublik Deutschland

Ausgestellt nach den Vorschriften des
INTERNATIONALEN ÜBEREINKOMMENS VON 1960 ZUM SCHUTZ DES
MENSCHLICHEN LEBENS AUF SEE

Name des Schiffes	Unterscheidungs-signal	Heimathafen	Brutto-registertonnen	Zeitpunkt der Kiellegung

Die See-Berufsgenossenschaft bescheinigt,

I. daß das vorgenannte Schiff den dem oben erwähnten Übereinkommen beigefügten Regeln über Sprechfunk entspricht:

	Erforderlich laut Vorschrift	Tatsächliche Regelung
Hörstunden		
Anzahl der Funker		

II. daß der Betrieb des tragbaren Funkgeräts für Rettungsboote und -flöße, falls vorhanden, den genannten Regeln entspricht.

Dieses Zeugnis ist ausgestellt im Namen der Regierung der Bundesrepublik Deutschland.

Es gilt bis ....

Ausgestellt in .... am ....

Der Unterzeichnete erklärt hiermit, daß er von der genannten Regierung zur Ausstellung dieses Zeugnisses ordnungsgemäß ermächtigt worden ist.

See-Berufsgenossenschaft
Schiffssicherheitsabteilung

L. S.

Abb. 6

Dienstbehelfe und Betriebsbegriffe

Bevor die Reise beginnt ...

... sind einige „betriebliche Maßnahmen durchzuführen", — um diese Tätigkeiten mit ihrem amtlichen Charakter gleich hinreichend zu kennzeichnen.

Das wiederum setzt voraus, daß Sie über einige wichtige Begriffe Bescheid wissen und sie entsprechend anzuwenden verstehen.

Da ist zuerst einmal das

Funktagebuch

Bevor das Schiff ablegt und die Trossen ins Wasser klatschen, müssen wir dem „Alten" die Station klar melden und dies außerdem schriftlich — mit Durchschlag — festhalten. Im Funktagebuch. Es gilt behördlich als Urkunde, das Schreibwerkzeug muß also dokumentenecht sein. Desgleichen dürfen Sie nicht radieren. Streichen Sie fehlerhafte Wörter durch und ersetzen Sie sie durch die richtigen darüber oder daneben. Achten Sie darauf, daß der neue Tag stets absatzfrei gleich mit der nächsten Zeile beginnt. Alle Zeiten bitte in UTC (Universal Time Coordinated = koordinierte Weltzeit. Sie hinkt unserer mitteleuropäischen Zeit um 1 Stunde hinterher (nach Sommerzeit um 2 Stunden).

Fangen Sie es gar nicht erst an, Hilfszettel zu führen in der Absicht, das nachher schön sauber ins Funktagebuch zu übertragen. Ihnen kommt nur allzubald etwas dazwischen oder es geht Ihnen die eine oder andere Notiz verloren. Die Überstunden, die Sie mit dem Suchen oder Übertragen nach Reiseende dafür verbringen, können Sie Ihrem Schiffseigner nicht in Rechnung setzen. Auch meine ich, kann man im Hafen angenehmere Dinge erledigen.

Ein Funktagebuch ist in der Regel bei jeder Seefunkstelle zu führen. Aber wie das mit den Regeln so ist: keine Regel ohne Ausnahme. So auch hier.

Kleinere Fahrzeuge wie Yachten oder Fischkutter können sich auf Antrag von der Funktagebuchführung befreien lassen. Meistens weist der Funkabnahmebeamte bei seinem ersten Bordbesuch darauf hin und erledigt die Ausnahmeerlaubnis gleich mit.

Mit jeder Reise beginnt ein neuer Eintragungsabschnitt. Die bisherigen, vom Kapitän abgezeichneten Originale sind bereits nach Reiseende in einen Umschlag gesteckt und an das Fernmeldeamt 6 Hamburg geleitet werden. Die Durchschriften sollen Sie mindestens 12 Monate lang unter Verschluß aufbewahren. Dann können Sie sie vernichten.

Zunächst die Angaben über Reederei, Kapitän, Funker und Reiseweg. Vom Funker möchte die Post zusätzlich seine Namensabkürzung sowie Funkpatentart und -nummer wissen. Also geben Sie auch das mit an.

Nach dem Datum dann ein paar Stichworte über die in jeder Weise betriebsbereite Seefunkstelle. Das schließt ein, daß Sie während der Liegezeit evtl. verbrauchtes Reservematerial wieder auf den erforderlichen Umfang ergänzt haben und daß die Notbatterie gut geladen ist.

Weiterhin tragen Sie während der Reise alle Angaben über Ihren Funkverkehr ein sowie alles, was mittel- oder unmittelbar damit zusammenhängt. Natürlich nur stichwortartig. Mit detaillierten Eintragungen dürften Sie überfordert sein. Das war möglich, als die Funkerei noch in den Kinderschuhen steckte. Da hatte man wenig Funkverkehr und dessen Angaben waren inbesondere für Ausbreitungsauswertungen sehr wichtig. Nach der VO Funk wird jetzt nur eine *Zusammenfassung* des jeweiligen Verkehrs verlangt. Meldungen über Not-, Dringlichkeits- und Sicherheitsverkehr sollten Sie dagegen möglichst wortgetreu niederschreiben.

Handbuch Seefunk

Bleiben wir gleich bei den „Dienstbehelfen", wie der behördliche Oberbegriff für die Hilfsunterlagen lautet, die dem Bordfunker seine Arbeit erleichtern sollen.

Als nächsten Begriff wollen wir das „Handbuch für den Dienst bei Seefunkstellen" kennenlernen. Wie erläuternd auf der Umschlagseite des grünen Buches steht, darf man die etwas umständliche Bezeichnung in „Handbuch Seefunk" abkürzen.

Das „Handbuch Seefunk" ist das offizielle postalische Dienstwerk, das von jeder Seefunkstelle mitzuführen ist. Es enthält und erläutert die Bestimmungen dieses Betriebszweiges. In erster Linie ist es für den Berufsfunker zusammengestellt. Soweit die Bestimmungen den Sprechfunkdienst betreffen, sind sie durch einen schwarzen Randstrich gekennzeichnet.

Alle deutschen Seefunkstellen erhalten von jeder Ausgabe des Handbuchs ein Exemplar kostenlos. Darüber hinaus kann das Handbuch gegen Erstattung des Abgabepreises vom Fernmeldeamt 6 Hamburg bezogen werden.

Mitteilungen für Seefunkstellen (MfS)

Wie der Name schon sagt, unterrichtet die Bundespost die Seefunkstellen mit diesen in unregelmäßiger Folge — ca. 3—4 mal jährlich — erscheinenden Mitteilungen über neue und geänderte Betriebsangelegenheiten. Sie können per Dauerbestellung auch privat bezogen werden. Der schwarze Randstrich bedeutet dasselbe wie im Handbuch Seefunk.

Ganz wichtige Mitteilungen werden zuvor schon über Funk mit dem Sammelrufzeichen „An alle deutschen Seefunkstellen" (DAAA) von Norddeich und Kiel Radio verbreitet.

Merkblatt

Das auf einem gefalteten rosa DIN A 3-Karton gedruckte Merkblatt der DBP soll Ihnen Schnellinformationen über Frequenzen und Dienstzeiten liefern. Auf den Seiten 54—61 ist es abgedruckt.

Die unter IV.A aufgeführte relativ große Anzahl der *Schiff-Schiff-Frequenzen* täuscht auf den ersten Blick. Bei näherem Hinsehen werden Sie feststellen, daß die *Verwendung* der Frequenzen nicht nur *vom Seegebiet* sondern auch von der *Schiffsgattung abhängig* ist. Vom Seegebiet deshalb, weil der akute Mangel dazu zwingt, viele Frequenzen an mehrere Länder zu verteilen. Diese gleichzeitige Belastung ist aber nur dann erträglich, wenn die Verwendungsgebiete genügend weit auseinanderliegen. Sie werden auf dem Merkblatt die Gattung „Sportboote" nur bei den Schiff-Schiff-Frequenzen im UKW-Bereich finden. Bei den Schiff-Schiff-Frequenzen im Grenzwellen- und Kurzwellenbereich gibt es eine besondere Zuordnung für Sportboote nicht. Deshalb darf sich jede Seefunkstelle auf diesen Fahrzeugen stolz in die Gattung „übrige Schiffe" einreihen, wozu also auch die Frachtschiffe gehören. Allerdings dürfte die Freude nicht ganz ungetrübt sein. Wenn zwei Frachtschiffe internen Funkverkehr abwickeln, ist selbst bei gedrosselten Sendern deren Reichweite noch recht groß, so daß die betreffenden Frequenzen häufig stark blockiert werden.

Buchstabieralphabet

Wenngleich in vielen Dingen das „Gewußt-wo" genügt, müssen Sie andererseits dennoch einiges von A bis Z beherrschen. Im buchstäblichen Sinne sogar. Das internationale Alphabet nämlich.

A	Alfa	N	November
B	Bravo	O	Oscar
C	Charlie	P	Papa
D	Delta	Q	Quebec
E	Echo (ecko)	R	Romeo
F	Foxtrott	S	Sierra (ssi-erra)
G	Golf	T	Tango (tango)
H	Hotel	U	Uniform (juniform)
I	India	V	Victor (wiktor)
J	Juliett (djuliett)	W	Whiskey (wisski)
K	Kilo	X	X-ray (exree)
L	Lima	Y	Yankee (yänki)
M	Mike (meik)	Z	Zoulou (ssulu)

Ziffern und Zeichen

1	Unaone (uh-nah-wann)	6	Soxisix (ssock-ssi-ssix)
2	Bissotwo (bis-so-tuh)	7	Setteseven (sset-teh-ssäwn)
3	Terrathree (ter-ra-tri)	8	Oktoeight (ock-to-äit)
4	Kartefour (karte-fauer)	9	Novenine (noh-weh-nainer)
5	Pantafive (pann-ta-faif)	0	Nadazero (nah-dah-seh-ro)
.	(Punkt) = Stop	,	(Komma)
			= Decimal (deh-ssi-mal)

Die Schlüsselwörter, besonders für die Ziffern, werden vermutlich nicht auf Anhieb sitzen. Falls doch, mein Kompliment!

Allen anderen empfehle ich, die Buchstabiertafeln ausgiebig zu üben. Am besten im Familienkreis. Sie glauben gar nicht, wie das anspornt. Meistens können es nachher alle. Am besten die Muttis. Die Väter sind am sichersten beim „W" . . .

Fangen Sie schon morgens mit den Schlagzeilen in der Zeitung an: Bravo Uniform November Delta Echo Sierra Kilo Alfa November Zoulou Lima Echo Romeo usw.

Im Funkverkehr brauchen Sie jedoch nicht bei jeder Gelegenheit zu buchstabieren, sondern nur bei Sprach- bzw. Übermittlungsschwierigkeiten

In der Nähe der Funkanlage gut sichtbar aufhängen!

Herausgegeben vom Fernmeldeamt 6 Hamburg

Ausgabe: Januar 1981

MERKBLATT

für den Sprechfunkverkehr auf Grenzwellen (GW), Kurzwellen (KW) und Ultrakurzwellen (UKW)

(KüFuSt = Küstenfunkstelle)

I. ALLGEMEINES

(SeeFuSt = Seefunkstelle)

Sicherheit

Bei Not und Gefahr senden und empfangen Sie auf 2182 kHz beziehungsweise auf dem UKW-Kanal 16 (156,800 MHz).

MAYDAY (gesprochen: mädeh): Notzeichen, anzuwenden bei unmittelbarer Gefahr für Schiff und Besatzung;

PAN PAN (gesprochen: pann pann): Dringlichkeitszeichen, anzuwenden bei sehr dringender Meldung über die Sicherheit eines See- oder Luftfahrzeugs oder einer Person;

SÉCURITÉ (gesprochen: sehküriteh): Sicherheitszeichen, anzuwenden bei Ankündigung wichtiger nautischer Warnungen und wichtiger Wetterwarnungen;

MAYDAY RELAY (gesprochen: mähdeh reläh): Anzuwenden beim Anruf durch eine Funkstelle, die eine Notmeldung senden will, sich jedoch nicht selbst in Not befindet (dies gilt auch bei Empfang von Zeichen einer Seenotfunkboje);

PRUDENCE (gesprochen: prüdaanss): Anzuwenden, wenn es nicht mehr nötig ist, völlige Funkstille auf einer für den Notverkehr benutzten Frequenz aufrechtzuerhalten und ein eingeschränkter Betrieb wiederaufgenommen werden darf;

SILENCE FINI (gesprochen: ssilaanss finih): Anzuwenden, wenn der Notverkehr auf einer für den Notverkehr benutzten Frequenz beendet ist und der normale Betrieb wiederaufgenommen werden darf.

Buchstabiertafel

A = Alfa	J = Juliett	R = Romeo
B = Bravo	K = Kilo	S = Sierra
C = Charlie	L = Lima	T = Tango
D = Delta	M = Mike	U = Uniform
E = Echo	N = November	V = Victor
F = Foxtrot	O = Oscar	W = Whiskey
G = Golf	P = Papa	X = X-ray
H = Hotel	Q = Quebec	Y = Yankee
I = India		Z = Zoulou

Komma = Decimal   Punkt = Stop

Q-Gruppen und sonstige Abkürzungen

erleichtern und vereinfachen den Sprechfunk, insbesondere bei Sprachschwierigkeiten im Verkehr mit ausländischen Küstenfunkstellen.

Beispiele: QTP (Quebec Tango Papa)

= Ich bin im Begriff einzulaufen;

QTO (Quebec Tango Oscar)

= Ich bin ausgelaufen;

ETA (Echo Tango Alfa)

= Voraussichtliche Ankunftszeit.

Einzelheiten über Not-, Dringlichkeits- und Sicherheitssendungen siehe Handbuch Seefunk Abschnitt VIII.

Im funkärztlichen Beratungsdienst sind über KüFuSt der Deutschen Bundespost Funkarztgespräche und -telegramme zugelassen; sie sind an "Funkarzt .... Radio" (Name der KüFuSt) zu richten.

Funkstille auf 2182 kHz: Zweimal stündlich je 3 Minuten, beginnend um x Uhr 00 und x Uhr 30 MGZ.

Weitere Q-Gruppen und Abkürzungen siehe Handbuch Seefunk Anlage 23 I und II

Achtung!
Alle Zeitangaben auf diesem Merkblatt sind in **MGZ**.
Deutsche Ortszeit = MGZ + 2 Stunden (Sommer),
MGZ + 1 Stunde (Winter).
Beginn und Ende der Sommerzeit werden mit DAAA-Telegramm und in den MfS bekanntgegeben.

Besondere Zeichen auf 2182 kHz

(□ – 2200-Hz-Ton)

□□□□■□□■□□ usw.
Sprechfunk-Alarmzeichen
(2-Ton-Signal)

□□□□□□□□ usw.
Nautisches Warnzeichen
(15 Sekunden lang)

(■ – 1300-Hz-Ton)

■ ■ ■ ■ usw.
Zeichen der Seenotfunkboje
(EPIRB)

Zeichen (von 10 Sek. Dauer), das dem Sprechfunk-Alarmzeichen einer KüFuSt folgen kann, um zu kennzeichnen, daß das Alarmzeichen nicht von einer **SeeFuSt** gesendet wurde.

Diese Zeichen können mit dem Wachempfänger auch dann aufgenommen werden, wenn auf Filterempfang geschaltet ist!

Frequenz-Verwendungsgebiete für den Sprechfunkverkehr auf Grenzwellen (GW)

N = Nordsee   O = Ostsee   K = Engl. Kanal   M = Mittelmeer (einschließlich Schwarzes Meer)
A = Atlantik (einschließlich Island, norwegische Küste, Eismeer usw.)
Region 1 = Europa und Afrika   **Region 2** = Amerikanischer Kontinent und Grönland   **Region 3** = übrige Gebiete

ERST HÖREN - DANN SENDEN

ARD 1.81 654321

OPD Hmb 94-51651

II. ÖFFENTLICHER VERKEHR

A. auf Grenzwellen

KüFuSt	hörbereit MGZ	die Küstenfunkstelle hört auf kHz	die Küstenfunkstelle antwortet auf kHz	Kanal	Arbeitsfrequenzen (kHz) der KüFuSt	Arbeitsfrequenzen (kHz) der SeeFuSt	Frequenz-Verwendungsgebiete der SeeFuSt (siehe Seite 1 unten)	Sammelanrufe um ... auf(kHz)
Norddeich Radio (während der Sommerzeit	2200–0600 0600–2200 2100–0500 0500–2100)	2182 2023	2182 2614	1 2 3 4 5	2614 2800 1799 1911 2848	2023 2153 2491 2541 3161	N K N N K O N unbeschränkt	h+45 2614
Kiel Radio (während der Sommerzeit	2300–0600 0600–2300 2200–0500 0500–2200)	2182 2146	2182 2775	1 2 3 4	2775 1883 1918 1918	2146 2569 1627,5 3161	O O N O unbeschränkt	h+25 2775
KüFuSt der DDR und ausländische KüFuSt	einer nationalen Arbeits- oder Anruffreq. oder auf 2182 kHz		ihrer üblichen Arbeitsfrequenz oder auf 2182 kHz		die üblichen Arbeitsfrequenzen der betreff. KüFuSt.	2049 2056 2046 2053 3161 oder fremde Arbeitsfrequenzen	Region 1 Region 1 unbeschränkt	

Ist 2182 kHz mit Notverkehr belegt, so rufen Sie Norddeich und Kiel Radio auf 2049 kHz; die KüFuSt antworten auf 2614 bzw. 2775 kHz. Zur angegebenen Tageshörbereitschaft (siehe oben) rufen Sie in diesem Fall in der Nordsee und im Engl. Kanal Norddeich bzw. in der Ostsee Kiel Radio jeweils auf dem 1. Kanal.

Zusätzliche Arbeitsfrequenzen (für eine ausschließliche Anwendung der Sendearten A3A und A3J) siehe Handbuch Seefunk Anlage 17 Seiten 3 bis 5.
Arbeitsweise und -frequenzen bei KüFuSt der DDR sowie bei ausländischen KüFuSt in Europa einschließlich Mittelmeerbereich siehe „Sonderheft Küstenfunkstellen" der MfS.

Mit Ablauf des 31.12.1981 endet für SeeFuSt die Anwendung von A3 und A3H auf allen Arbeitsfrequenzen!

B. auf Ultrakurzwellen

KüFuSt	hörbereit	die Küstenfunkstelle hört und antwortet auf Kanal	Arbeitskanäle der SeeFuSt u. KüFuSt	Sammelanrufe um	auf	Fußnote und Anmerkungen
Norddeich Radio	H24	16	28 25 61	h+45	28	
Elbe-Weser Radio	H24	26 23*) 24 28*) 1 62*) 16	26 23*) 24 28*) 1 62*)	h+50 h+20	26 23*)	*) SeeFuSt im Nord-Ostsee-Kanal verkehren mit Elbe-Weser Radio vorzugsweise auf K23, K28 und K62, mit Kiel Radio vorzugsweise auf K24 und K78.
Helgoland Radio	H24	27 3 88 16	27 3 88	h+20	27	
Nordfriesland Radio	H24	26 5 16	26 5	h+50	26	Mit Ausnahme von Norddeich Radio sollten Sie die deutschen KüfuSt auf einem ihrer **Arbeitskanäle** rufen! Ist K16 mit Notverkehr belegt, so rufen Sie Norddeich Radio auf K28.
Eiderstedt Radio	H24	25 4 16	25 4	h+40	25	
Bremen Radio	H24	28 25 16	28 25	h+40	28	
Hamburg Radio	H24	27 25 83 82 16	27 25 83 82	h+40	27	
Kiel Radio	H24	26 23 24*) 78*) 16	26 23 24*) 78*)	h+25 h+25	26 24*)	UKW-Kanäle und Arbeitsweise bei KüfuSt der DDR sowie bei ausl. KüfuSt in Europa einschl. Mittelmeerbereich siehe „Sonderheft Küstenfunkstellen" der MfS.
Flensburg Radio	H24	27 25 16	27 25	h+25	27	
Lübeck Radio	H24	27 24 82 82	27 24 82	h+25	27	

Schalten Sie nach Beendigung einer UKW-Verbindung auf Kanal 16 zurück und überprüfen Sie den Empfang, damit Sie sicher sind, daß Ihr Sender nicht mehr strahlt.

Eine Liste der KüfuSt des Revier- und Hafenfunkdienstes in der Bundesrepublik Deutschland enthält das „Sonderheft Küstenfunkstellen" der MfS auf den Seiten 45 und 46.

C. auf Kurzwellen (im Verkehr mit Norddeich Radio) (Trägerfrequenzen in kHz)

1. Kanal			2. Kanal		3. Kanal	
Norddeich Radio/DAJ	Seefunkstellen	Sammelanrufe: h+45	Norddeich Radio/DAK	Seefunkstellen	Norddeich Radio/DAI	Seefunkstellen
4397,7	4103,3	Für Sammelanrufe verwendet Norddeich Radio DAJ. Frequenzen in denjenigen Frequenzbereichen, die im Hörbereitschaftsplan angegeben sind (siehe MfS).	4391,5	4097,1	4425,6	4131,2
6506,4	6200,0		8762,3	8238,4	8777,8	8253,9
8768,5	8244,6		13122,5	12351,7	13153,5	12382,7
13172,1	12401,3	. . . .	17304,2	16531,1	17335,2	16562,3
17279,4	16506,5	Sendart der Küstenfunkstelle: **A3J**	22710,7	22114,7	22664,2	22068,2
22614,6	22018,6	Sendearten der Seefunkstellen: **A3A/A3J**	4. Kanal		5. Kanal	
25497,0	25032,0		Norddeich Radio/DAH	Seefunkstellen	Norddeich Radio/DAP	Seefunkstellen
			4394,6	4100,2	4357,4	4063,0
			8802,6	8278,7	8790,2	8266,3
			13134,9	12364,1	13113,2	12342,4
			17350,7	16577,8	17260,8	16487,9
			22661,1	22065,1	22645,6	22049,6

Wie erreicht man Norddeich Radio auf Kurzwelle mittels Sprechfunk?

- Hörbereitschaftsplan von Norddeich Radio (Sprechfunk) in den MfS studieren; dabei auf angegebene Jahreszeit achten.
- DAJ-Sendefrequenzen der Küstenfunkstelle (1. Kanal, siehe oben) nachlesen.
- Empfänger auf eine der laut Hörbereitschaftsplan in Frage kommenden DAJ-Frequenzen einstellen (z. B. im 8-MHz-Bereich die Frequenz 8768,5 kHz).
- Sobald Norddeich sendet, z. B. zur Zeit des Sammelanrufs, Feinabstimmung vornehmen u. Lautstärke (QSA) feststellen.
- Eine gemäß Hörbereitschaftsplan weitere DAJ-Frequenz (z.B. 17279,4 kHz) im Empfänger einstellen und ebenfalls QSA ermitteln.
- Entscheiden, in welchem Frequenzbereich Norddeich besser zu hören ist; Empfänger auf die betreffende Frequenz zurückstellen bzw. Einstellung beibehalten.

- Eigene Sendefrequenz des ersten Kanals im gleichen Frequenzbereich einstellen, ohne jedoch zu senden!
- Anrufverkehr bei Norddeich Radio beobachten; Anruf starten, sobald Verkehrslücke bei Norddeich Radio dies zuläßt.
- Falls keine Antwort, Anruf frühestens nach drei Minuten wiederholen. Falls weiterhin erfolglos, Versuch in anderem Frequenzbereich (laut Hörbereitschaftsplan) fortsetzen.
- Ist Verbindung auf DAJ-Kanal hergestellt, Wunsch vortragen und Anweisung der Küstenfunkstelle für Frequenzwechsel beachten. Danach gegebenenfalls Sender und Empfänger auf angegebenes Frequenzpaar (z. B. 2. Kanal/DAK oder 3. Kanal/DAI) desselben Frequenzbereichs einstellen und abwarten!
- Nach Aufforderung durch Norddeich Radio Telegramm übermitteln oder Gespräch führen.

D. Selektivrufe der deutsche KüFuSt (auf Grenz- und Ultrakurzwellen)

Frequenzen: **2170,5 kHz und 156,800 MHz**

Frequenzen für Selektivrufe auf Kurzwellen sowie Näheres über das Selektivrufverfahren siehe Handbuch Seefunk § 32 und Anlage 18.

III. BESONDERE FUNKDIENSTE AUF GRENZWELLEN (in deutscher Sprache)

	Kiel Radio (2775 kHz)	Norddeich Radio (2614 kHz)
Zeitzeichen	1155-1206, 2355-0006	1155-1206, 2355-0006
Wetterberichte	0740, 1940	0810, 2010
Eisberichte	1240	0810*), 1310, 2010*)
Wetterwarnungen und naut. Warnnachrichten ..... a) sofort nach Eingang, b) im Anschluß an die nächste Funkstille, c) zur nächsten festen Programmzeit für nautische Warnnachrichten.		
nautische Warnnachrichten	0233, 0633, 1033, 1433, 1833, 2233	0133, 0533, 0933, 1333, 1733, 2133
einseitiger Sprechfunkverkehr	0640, 1240, 1740	0810*), 1310, 2010*)
Funktelegramme an alle deutschen SeeFuSt (z. B. DAAA) werden zu den Zeiten des einseitigen Sprechfunkverkehrs gesendet.		

Fußnote und Anmerkungen

*) Im Anschluß an den Wetterbericht.
– Zeitzeichen werden mit der Sendeart **A1** verbreitet (Empfänger in Stellung A1 bzw. SSB).
– Sammelanrufe siehe Seite 2.
– Alle Uhrzeitangaben in MGZ.
– Wetterwarnungen und nautische Warnnachrichten werden auf 2182 kHz mit "Sécurité" angekündigt.
Die Ankündigung von **vitalen** nautischen Warnnachrichten wird zusätzlich mit einer 15 Sekunden dauernden Folge von 2200-Hz-Tönen eingeleitet (siehe Seite 1).
– Während der Aussendungen der zu festen Zeiten beginnenden besonderen Funkdienste werden Anrufe auf dem 1. Kanal bei Kiel Radio auf 1918 kHz, bei Norddeich auf 2848 kHz beantwortet.

Vom 01.01.82 an senden KüFuSt auch die besonderen Funkdienste, außer Zeitzeichen (A1), nur noch mit der Sendeart A3J.

IV. SCHIFF – SCHIFF – VERKEHR

A. auf Grenzwellen

kHz	Verwendungsgebiete	Verwendungszweck
1657,5	nördl. 60° N	Fischerei-MS;
1665	N O und arkt. Gewässer	Behördenfahrzeuge sowie Fahrzeuge der DGzRSch; für andere Fahrzeuge nur zum Zwecke von Funkpeilungen;
2053*)	Region 1	Verkehr mit fremden SeeFuSt; zusätzlich auch mit fremden KüFuSt;
2056		
2298,5*)	N O K A	Fischkutter;
2301		
2323,5*)	N O K A	allgemeine Arbeitsfrequenzen;
2326		
2358,5*)	N O K A	Fracht- u. Fahrgastschiffe in Nord- u. Ostsee; im Engl. Kanal nur östlich von 02° West, im Atlantik nur nördlich von 52° Nord;
2361		
2393,5*)	N O A	Fischerei-MS; im Antlantik nur nördlich von 53° Nord;
2396		
2413,5*)	O	Fischkutter;
2416		
2418,5*)	N O K A M	allgemeine Arbeitsfrequenz;
2421	N O K A M	allgemeine Arbeitsfrequenz; für Frachtschiffe in der Nordsee und im Ostteil des Engl. Kanals gesperrt;

kHz	Verwendungsgebiete	Verwendungszweck
2433,5*)	N K A	Fischereifahrzeuge;
2436		
2635*)	Regionen 2 u. 3	Verkehr mit deutschen und fremden SeeFuSt;
2638		
3023	unbeschränkt	koordinierte Such- und Rettungsarbeiten;
3194*)	unbeschränkt	allgemeine Arbeitsfrequenzen;
3197		
3279*)	unbeschränkt	Fischerei-MS;
3282		
3360,5*)	unbeschränkt	allgemeine Arbeitsfrequenzen;
3363		
3391,5*)	unbeschränkt (außer N und O) N O	Behördenfahrzeuge; Funkstellen der DGzRSch;
3394	unbeschränkt	Behördenfahrzeuge;
3509,5*)	unbeschränkt	Fischkutter;
3512		
3523,5*)	N O	Fischkutter.
3526		

. . . .

*) Nur mit Sendeart A3A oder A3J.

Mit Ablauf des 31.12.81 endet für SeeFuSt die Anwendung von A3 und A3H auf allen Arbeitsfrequenzen.

B. auf Kurzwellen

kHz
4143,6   16587,1
6218,6   16590,2
6221,6   16593,3
8291,1   22124,0
8294,2   22127,1
12429,2   22130,2
12432,3   22133,3
12435,4   22136,4

Die vorstehenden Frequenzen dienen dem Simplex-Betrieb für alle Verkehrsrichtungen. Beim Schiff-Schiff-Verkehr kann auch das Cross-band-Verfahren angewendet werden, wobei Sende- und Empfangsfrequenz jeweils verschiedenen Bereichen entstammen (Duplex-Betrieb).

. . . .

Sendearten: A3A/A3J

Schalten Sie nach Beendigung eines UKW-Verkehrs auf Kanal 16 zurück und überprüfen Sie den Empfang, damit Sie sicher sind, daß Ihr Sender nicht mehr strahlt.

C. auf Ultrakurzwellen

Kanal	vorzugsweise zu benutzen
06 . . .	für internationalen Verkehr; in Sicherheitsfällen auch für Verbindungen mit Luftfahrzeugen, z. B. SAR-Hubschraubern
08 . . .	von Fracht- und Fahrgastschiffen
09 . . .	von Booten der Wasserschutzpolizei und durch Lotsendienste
13 . . .	von Behördenfahrzeugen
70 . . .	durch Lotsendienste
10 . . .	von Fischereifahrzeugen (1. Kanal)
77 . . .	(2. Kanal)
67 . . .	von Baggern im Einsatz einschl. der mit ihnen (1. Kanal)
73 . . .	verkehrenden Schlepper und Schuten (2. Kanal)
72 . . .	von Sportbooten und Jachten (1. Kanal)
69 . . .	(2. Kanal)

Sollten Sie wegen Belegung „Ihres" Kanals eine andere Frequenz wählen, so überzeugen Sie sich, daß Sie nicht den Funkverkehr derjenigen Teilnehmer stören, die diesen Kanal vorzugsweise bzw. als fest zugeteilte Frequenz, z. B. im Falle nichtöffentlicher KüFuSt, benutzen. Beachten Sie hierbei das Seegebiet bzw. das Revier, in dem Sie sich jeweils befinden!

Beschränken Sie Schiff-Schiff-Verbindungen in Gebieten starken Funkverkehrs nach Möglichkeit auf 6 Minuten. Wählen Sie, wann immer sinnvoll und möglich, reduzierte Sendeleistung.

oder bei schwer verständlichen Wörtern. Z. B. bei Codegruppen, Rufzeichen, Fremdwörtern usw. sowie bei *allen* Familiennamen.

Die Tabelle für Ziffern und Zeichen ist hauptsächlich im Verkehr mit ausländischen Stationen anzuwenden. So können Sie z. B. das Rufzeichen „DA6123" in der Regel mit „Delta Alfa einundsechzig — dreiundzwanzig" bzw. „Delta Alfa sechs — eins — zwo — drei" übermitteln. Lediglich bei Übermittlungsschwierigkeiten im Auslandsverkehr sollten Sie auch die Zahl in Buchstabierziffern auflösen: Soxisix — Unaone — Bissotwo — Terrathree.

Q-Gruppen

Besonders im internationalen Sprechfunkverkehr kommt es naturgemäß relativ oft zu sprachbedingten Verständigungsschwierigkeiten. Mancher ist deshalb versucht, solchen Verbindungen auszuweichen. Das ist aber nicht immer möglich. Wer die Heimatküstenfunkstellen nicht mehr erreichen kann und wichtige Schiffsdienstangelegenheiten zu übermitteln hat, muß sich, ob er will oder nicht, auf das internationale „Funk-Parkett" begeben.

Telegrafiefunker sind da besser dran. Sie haben eine eigene „Funkersprache": die Q-Gruppen. Dieser mit Q beginnende, aus drei Buchstaben bestehende international vereinbarte Code wird von allen Telegrafiefunkern auf der ganzen Welt verstanden, denn alle haben ihn fleißig gelernt.

Mit Fragezeichen versehen, bedeutet die Code-Gruppe eine Frage.

Seit einiger Zeit sind die Q-Gruppen auch im Sprechfunkdienst zugelassen. D. h. man darf, man muß nicht unbedingt. Folglich brauchen Sie die über hundert Q-Gruppen nicht, wie die Berufsfunker, auswendig zu lernen. Es hätte auch wenig Sinn. Denn so wie man eine Sprache sehr schnell verlernt, wenn man sie nicht hin und wieder spricht, vergißt man erst recht die zudem noch ohne Logikzusammenhang zur Bedeutung stehenden Buchstabengruppen, wenn sie nicht ständig im Funkbetrieb gebraucht werden.

Doch wie gesagt, im internationalen Verkehr einschließlich Seenot können die Q-Gruppen eine bedeutsame Verständigungshilfe sein. Wissen sollten Sie deshalb zumindest, daß Sie die Q-Gruppen im Bedarfsfall im Handbuch Seefunk, Anlage 8, finden. Eine kleine Auswahl sei auch hier aufgeführt.

	Frage	Antwort
QRA =	Wie ist der Name Ihres Schiffes bzw. Ihrer Funkstelle?	*Der Name ist . . .*
QRD =	Wohin fahren Sie und woher kommen Sie?	*Ich fahre nach . . .* *und komme von . . .*
QTO =	Sind Sie aus dem Hafen ausgelaufen?	*Ich bin aus dem Hafen . . . ausgelaufen*
QTH =	Wie ist Ihr Standort?	*Mein Standort ist . . .*
QTP =	Sind Sie im Begriff in den Hafen einzulaufen?	*Ich laufe in den Hafen . . . ein*
QRU =	Haben Sie etwas für mich?	*Ich habe nichts für Sie*
QRJ =	Wieviel Funkgesprächsanmeldungen haben Sie?	*Ich habe . . .Funkgesprächs- anmeldungen vorliegen*
QTC =	Wieviel Telegramme haben Sie?	*Ich habe . . . Telegramme für Sie*
QSJ =	Wie hoch ist die Gebühr nach . . . einschl. Ihrer Inlandsgebühr?	*Die Gebühr nach . . .beträgt . . . Franken einschl. meiner Inlandsgebühr*
QRC =	Von welcher Betriebsgesellschaft/ Staatsverwaltung werden die Gebührenrechnungen Ihrer Funkstelle beglichen?	*Die Gebührenrechnungen meiner Funkstelle werden be- glichen von . . .*
QSL =	Können Sie mir Empfangsbestäti- gung geben?	*Ich gebe Ihnen Empfangs- bestätigung*
QRM =	Wird meine Aussendung gestört?	*Ihre Aussendung wird gestört*
QSA =	Wie ist die Stärke meiner Aussendung?	*Ihre Aussendung ist* *1 kaum* *2 schwach* *3 ziemlich gut* *4 gut* *5 sehr gut* *hörbar*
QSS =	Welche Arbeitsfrequenz werden Sie benutzen?	*Ich werde die Arbeitsfrequenz . . . kHz benutzen*
QSY =	Soll ich zum Senden auf eine andere Frequenz gehen?	*Gehen Sie zum Senden auf eine andere Frequenz bzw. gehen Sie auf . . . kHz.*
QTE =	Wie peilen Sie mich recht- weisend?	*Ich peile Sie rechtweisend . . . Grad um . . . Uhr.*

Die Antwort-Q-Gruppen können auch gegeben werden, ohne daß von der Gegenstation vorher eine entsprechende Frage gestellt wurde.
Will man die Q-Gruppe als Frage ausdrücken, sind noch die beiden Buchstaben RQ (Request) = „Romeo Quebec" hinzuzufügen. — Wollen Sie also fragen „Wie ist Ihr Standort?"
müssen Sie buchstabieren:
Quebec — Tango — Hotel   Romeo — Quebec (QTH RQ)

Interco

Außer Q-Gruppen können Sie bei Verständigungsschwierigkeiten auch die Abkürzungen des Internationalen Signalbuches anwenden. In diesem Fall müssen Sie die betreffenden Abkürzungen mit dem Wort „Interco" einleiten. — Siehe Merkblatt für den Notverkehr auf den Seiten 122/123 unter 1. und 5.

Simplex und Duplex

sind die beiden Verkehrsformen im Funkdienst.
Fangen wir mit der einfachsten, mit *Simplex,* an.
Dafür genügt *eine einzige Frequenz.*
Da man aber auf einer Frequenz nicht gleichzeitig senden und empfangen kann, weil nämlich der eigene Sender den Fernempfang übertönen, man sich also nur selbst hören würde, müssen Sie beim *Simplexverkehr abwechselnd senden und empfangen.*
Die Aufforderung, daß die andere Station antworten soll, heißt „umschalten" bzw. international und allgemein gebräuchlicher „over". Danach lassen Sie sofort die Handtaste los. Damit schaltet sich der Träger des eigenen Senders ab, so daß die Frequenz nun für den Empfang frei ist. Sobald Sie von der anderen Station „over" hören, sind Sie selbst wieder an der Reihe zu senden. Erst dann können Sie nicht verstandene Wörter oder Sätze nachfragen.
Dieses *abwechselnde* Senden und Hören trägt daher auch die deutsche Bezeichnung *„Wechselsprechen".*
Duplex ist dagegen wie beim Telefonieren, Sie können *zugleich hören und sprechen,* Sie können Ihrem Gesprächspartner ins Wort fallen, also *gegenansprechen,* deshalb auch: *Gegensprechen.*
Hier kommen wir allerdings nicht mehr mit einer einzigen Frequenz aus. Das Fremdwort Duplex verrät **es** ja auch schon, es müssen zwei her: die eine Frequenz zum Senden, die andere zum Hören bzw. Empfang. Bei der

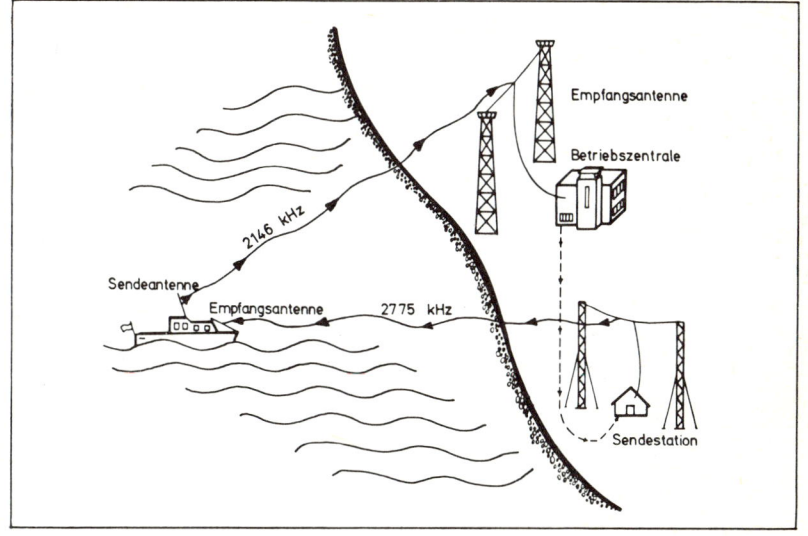

Abb. 10   Duplex-Verkehr

Gegenstation ist es genau umgekehrt: sie muß dort senden, wo Sie empfangen und muß hören, wo Sie senden. Sehr wichtig ist dabei noch, daß beide Wellen einen genügend großen Abstand voneinander haben, damit der eigene Sender nicht mehr bis zur Empfangsfrequenz durchschlägt. Achten Sie bitte in ihrem eigenen Interesse darauf, daß Sie beim Senden auf Grenzwelle den Betriebsschalter „Simplex-Duplex" immer richtig einstellen. In der Stellung „Simplex" wird nämlich bei gedrückter Taste am Handapparat zugleich automatisch die Empfangsantenne abgeschaltet. Dadurch kann keine starke Energie Ihres strahlenden Trägers in Ihren auf der gleichen Frequenz abgestimmten Empfänger gelangen und u. U. empfindliche Schaltelemente zerstören.

Etwas ganz Spezielles ist „Semi-Duplex". Diese Verkehrsart gestattet auf dem einen Ende Duplex-Betrieb (Küstenfunkstelle, Fernsprechteilnehmer an Land). Auf dem anderen Ende dagegen ist nur Simplex möglich. D. h. solange an Bord empfangen wird, darf die Sprechtaste nicht gedrückt werden, sondern nur, wenn man antworten bzw. nachfragen will.

Semi-Duplex ist nur im UKW-Seefunk für Yachten zugelassen und hilft die relativ teure Antennenweiche ersparen.

2182 kHz — Internationale Seenot- und Anrufwelle

Die wichtigste Frequenz im Grenzwellen-Seefunkdienst ist die internationale Seenot- und Anrufwelle: 2182 kHz. Sie hat also eine Doppelfunktion: Einmal dient sie dem Seenotverkehr, zum anderen ist sie die Anruffrequenz für den Verkehr mit vorwiegend ausländischen Stationen. Ferner werden auf ihr Dringlichkeits- und Sicherheitsmeldungen angekündigt. Neuerdings ist es gestattet, auf 2182 auch die Erstaussendung einer nicht zu langen Dringlichkeitsnachricht vorzunehmen. Dem auf den ersten Blick erscheinenden Widerspruch, 2182 zugleich als Seenot- und Anrufwelle zu verwenden, liegt folgende Überlegung zugrunde:

Würde man für Seenotrufe eine eigene, ausschließlich dafür reservierte Frequenz verwenden, würde sie sicherlich bald nur allzuleicht als „tote Frequenz" behandelt, d. h. kaum noch gewissenhaft beobachtet werden. Denn Gottlob sind Seenotfälle relativ selten. Im entscheidenden Moment, wenn wirklich wieder einmal ein Notruf ausgesendet werden würde, bestünde die Gefahr, daß er ungehört bliebe.

Die Funkexperten halten — jedenfalls bisher noch — einen anderen Weg für zweckmäßiger. Sie haben die Seenot-Frequenz mit der Anruffrequenz deshalb zusammengelegt, weil damit ein Höchstmaß an Beobachtungskonzentration erreicht wird. Allerdings darf der *Anrufverkehr auf 2182 kHz nicht länger als 1 Minute dauern.*

Damit evtl. schwache Notrufe in dem teilweise sehr starken Anrufverkehr nicht „untergehen", ist zweimal in jeder Stunde von der 00. bis 03. und von der 30. bis 33. Minute für den gesamten Anrufverkehr unbedingte Funkstille vorgesehen. Man geht dabei von der durchaus begründeten Erwartung aus, daß ein in Seenot geratenes Schiff noch so lange schwimmt, daß es seinen zuvor evtl. doch überhörten Notruf in der nächsten Seenotpause wiederholen kann.

Sobald ein Notruf empfangen wird, muß der gesamte übrige Verkehr bis zur Beendigung des Seenotverkehrs auf 2182 unterbleiben.

Schalten Sie, *wenn Sie Funkverkehr auf anderen Frequenzen beendet* haben, *Sender und Empfänger immer auf 2182 zurück.* Sie haben dadurch bei einem plötzlichen Seenotfall stets die Anlage betriebsbereit. Unter Umständen kann auch ein Besatzungsmitglied ohne Funkpatent erfolgreich auf einen Notfall aufmerksam machen.

Praktischer Betrieb

Die Reise beginnt

Nach so viel Theorie werden Sie sicherlich schon ungeduldig darauf brennen, endlich in die Praxis „einsteigen" zu können. Schließlich haben wir Sie ja zu einer Reise eingeladen.

Inzwischen ist es soweit. Es kann losgehen.

Unsere Ausbildungsreise soll Donnerstag, den 12. 0900 Uhr UTC in Hamburg beginnen und in Kopenhagen enden.

Was vor Reiseanfang in das Funktagebuch einzutragen ist, ersehen Sie aus dem Beispiel auf Seite 68.

Sicherheits-/Wachempfänger — Sprechfunk-Alarmzeichengeber

UTC	Frequenz	an	von	Angaben
0900				Auslaufen Hamburg

Nachdem die Trossen eingeholt sind und das Schiff im Elbwasser langsam in Fahrt kommt, gehen wir auf die Brücke und schalten den Sicherheitsempfänger ein. Auch das vermerken wir im Funktagebuch:

UTC	Frequenz	an	von	Angaben
0910	2182			Sicherheitsempfänger auf Dauer-wache

Der Sicherheits-, auch Wachempfänger genannt, bleibt während der Fahrt durchgehend in Betrieb. Und zwar deshalb, weil ein sprechfunkausrüstungspflichtiges Schiff während der ganzen Reise eine ununterbrochene Hörwache sicherstellen muß. Da der Funker damit überfordert wäre, geschieht das am zweckmäßigsten auf der ständig besetzten Brücke.

№ 09

Reederei: Grenz, Welle & Co.

Seefunkstelle: Seeadler Rufzeichen: DFTG

Tag: 12. Monat: .... Jahr: 197...

Uhrzeit UTC	Empfangs- oder Sendefrequ. kHz	Gesendet an	Gesendet von	Angaben
1	2	3	4	5
				Kapitän: Heinz Overschmidt
				Funker: Claudius Johann (Jr)
				Seefunkzeugnis
				1. Klasse H 1639
				Reise: Hamburg - Kopenhagen
				Donnerstag, 12. .... 197...
				Seefunkstelle voll betriebs-
				fähig
0830				Klarmeldung an Kapitän
0900				Auslaufen Hamburg
0910	2182			Sicherheitsempfänger auf
				Dauerbetrieb

NSch Hmb 1000 Bl. 12. 70
DIN A 4, Klasse 36

OPD Hmb 94-51304

Abb. 11

Der Sicherheitsempfänger ist ein Spezialgerät mit einer festen, nicht veränderbaren Abstimmung auf der Frequenz 2182 kHz und hat einen Filterzusatz. Bei eingeschaltetem Filter sind die Sprachschwingungen — ca. 300—3000 Hz — ausgeblendet, gelangen also nicht zum Lautsprecher. Weil aber eine ständige „Hörwache" gegangen werden soll, darf — um die Brückenwache durch die Geräuschkulisse nicht zu beeinträchtigen — nur bei schwierigen Fahrtverhältnissen auf „Filter" geschaltet werden.

Nur zwei Töne läßt der Filter durch: die des Sprechfunk-Alarmzeichens. Das Alarmzeichen besteht aus Wechseltönen in Höhe von 1300 und 2200 Hz. Sie sind dem Martinshorn der Polizei bzw. des Krankenwagens ähnlich. Es wird dem Seenotruf ca. 30—60 Sekunden lang vorweggegeben, um die Aufmerksamkeit der auf 2182 auf Empfang stehenden Stationen zu erreichen sowie um Funkstille zu gebieten.

Sobald vom Sicherheitsempfänger an der Brückenwand ein Alarmzeichen empfangen wird, schaltet der Kapitän, Steuermann oder Rudergänger den Filterzusatz ab, damit der anschließende Notruf und die Notmeldung verstanden und aufgeschrieben werden können.

Bei dem Havaristen wird das Doppelton-Alarmzeichen automatisch von einem Senderzusatzgerät — dem Alarmzeichengeber — erzeugt. Folglich muß bei einem sprechfunkausrüstungspflichtigen Schiff auch dieser Geber unbedingt an Bord sein.

Um schon bei dieser Gelegenheit einem weit verbreiteten Irrtum zu begegnen: auf das gesprochene „Mayday" reagiert der Sicherheitsempfänger nicht! Auch ist er nicht zu verwechseln mit dem Alarmzeichenempfänger, mit dem Telegrafieseefunkstellen ab 1600 BRT ausgerüstet sein müssen. Dieser arbeitet tatsächlich automatisch, indem er beim Empfang des *Telegrafie-Alarmzeichens*, das aus 12 Morsestrichen von je 4 Sekunden Länge besteht, an Bord Alarmglocken auslöst.

Wer also wegen zu geringer Größe sein Seefahrzeug nicht mit dem Sprechfunk-Alarmzeichengeber auszurüsten braucht und auf die Installation verzichtet, kann im Falle eines Falles Gefahr laufen, daß z. B. ein in der Nähe vorbeifahrendes Küstenmotorschiff den *ohne* Doppelton-Alarmzeichen eingeleiteten Notanruf *nicht* hört, weil der Filterzusatz eingeschaltet ist. Sofern andere Seefunk- oder Küstenfunkstellen den Notanruf und die folgende Notmeldung empfangen, werden diese allerdings dafür sorgen, daß die Mayday-Meldung sofort ihrerseits mit vorweggebenem Alarmzeichen weitergeleitet und wiederholt wird (Mayday-Relay). Hierdurch kann aber u. U. ein kostbarer Zeitverlust entstehen. — Bei neueren

Grenzwellensendern ist der Alarmzeichengeber zumeist mit eingebaut. Seit April 1975 hat der Sicherheitsempfänger eine zusätzliche Bedeutung für die Aufnahme von ganz besonders wichtigen nautischen Warnungen erlangt. Diese international originellerweise als „Vitale nautische Warnnachrichten" bezeichneten Aussendungen werden 15 Sekunden lang mit dem oberen, unterbrochenen Ton des Alarmzeichens, also 2200 Hz, auf 2182 angekündigt. Weitere Einzelheiten darüber erfahren Sie auf den Seiten 128/129.

Sendeverbot in Häfen

Wir sind verpflichtet, unser Auslaufen der zuständigen Küstenfunkstelle mitzuteilen.

Im Moment — wir passieren gerade die Landungsbrücken — aber noch nicht. Norddeich Radio dürfen wir erst rufen, nachdem die „Gute Reise"-Wünsche aus der Lautsprecheranlage vom Willkommhöft beim Schulauer Fährhaus verklungen sind. Bis dahin ist das Senden im Hamburger Hafenrevier auf Grenzwelle untersagt.

Dieses Verbot stammt aus einer Zeit, als man noch kein Fernsehen kannte und Rundfunk nur auf Mittel- und Langwellen hörte und auch das nur mit mehr oder weniger — meistens weniger — trennscharfen Empfängern. Hätten die Schiffe im Hafen senden dürfen, wäre allen Bewohnern in der näheren Umgebung jedes Programm auf Mittel- und Langwelle verleidet worden, weil die Morsezeichen und Telefonieverbindungen auf das Rundfunkband durchgeschlagen hätten.

Im Fernseh- und im UKW-Rundfunkbereich macht sich das jedoch nicht bemerkbar. Auch sind die heutigen Rundfunkempfänger wesentlich trennschärfer. Das dennoch allgemein für alle bundesdeutschen Häfen geltende Sendeverbot auf sämtlichen Seefunkbereichen mit *Ausnahme auf UKW-Seefunk* besteht ferner für den gesamten Rhein, weseraufwärts bis einschließlich Bremen-Vegesack, auf der Ems bis Leer und auf der Trave bis oberhalb Travemünde. Sondererlaubnis erteilt das Fernmeldeamt 6 Hamburg. Beachten Sie solche Sendeverbote ganz besonders gewissenhaft im Ausland! Durch nichts wird die Spionagefurcht mehr erregt als durch einen Funksender fremder Nationalität!

Erst hören — dann senden!

Mit dem Senden haben wir es ohnehin noch nicht so eilig.
Nachdem Sie inzwischen die bedeutendsten Seefunkbegriffe kennengelernt haben, wird es Zeit, Sie mit der wichtigsten Funkverkehrsregel vertraut zu machen:

Erst hören — dann senden!

Prägen Sie sich die Regel gut ein. Sie ist viel leichter als § 1 der StVO. Zuerst immer den Empfänger einschalten!
Bedienen Sie ihn bitte mit beiden Händen: mit der einen Hand drehen Sie an der Abstimmskala, mit der anderen regeln Sie die Lautstärke. Im Grenz- und Kurzwellenbereich haben Sie es nämlich mit den unterschiedlichsten Empfangsverhältnissen und sehr oft trotz guter Schwundregelung mit großen Geräuschschwankungen sowie mit plötzlichen Störeinbrüchen zu tun.
Und noch etwas sehr Wichtiges:
Unterrichten Sie sich *vorher* an Hand Ihrer Dienstbehelfe, wann und auf welcher Frequenz bzw. Frequenzen Sie den Funkverkehr ausüben wollen-müssen-dürfen. Also auch über die Verkehrsverhältnisse Ihrer Gegenstation sollten Sie stets *rechtzeitig* informiert sein!

Küstenfunkstellen

Gem. der Definition in der VO Funk sind Küstenfunkstellen „ortsfeste Funkstellen des beweglichen Seefunkdienstes". Sie sind die „Funkbrükken zum Festland", wie sie manchmal etwas pathetisch von der Presse bezeichnet werden.
In erster Linie dienen die Küstenfunkstellen der Schiffssicherheit. Unter der Devise „vorbeugen ist besser als heilen" versorgen sie die internationale Schiffahrt für das zuständige Seegebiet mit regelmäßigen Wetterberichten, mit Warnungen aller Art sowie mit sonstigen wichtigen Meldungen. Bei Erkrankungen oder Verletzungen an Bord stellen sie schnellstens kostenlos „Medico-Gespräche" zum Funkarzt her.
Sollte sich trotz alledem hin und wieder ein Schiffsunfall ereignen, übernehmen die Küstenfunkstellen schlagartig die Funktion einer vielseitigen Regiezentrale, die unverzüglich alle möglichen Hilfeleistungen an Land, auf See und in der Luft mobilisiert und den damit zusammenhängenden vielfältigen Nachrichtenverkehr per Funk und Draht lenkt.

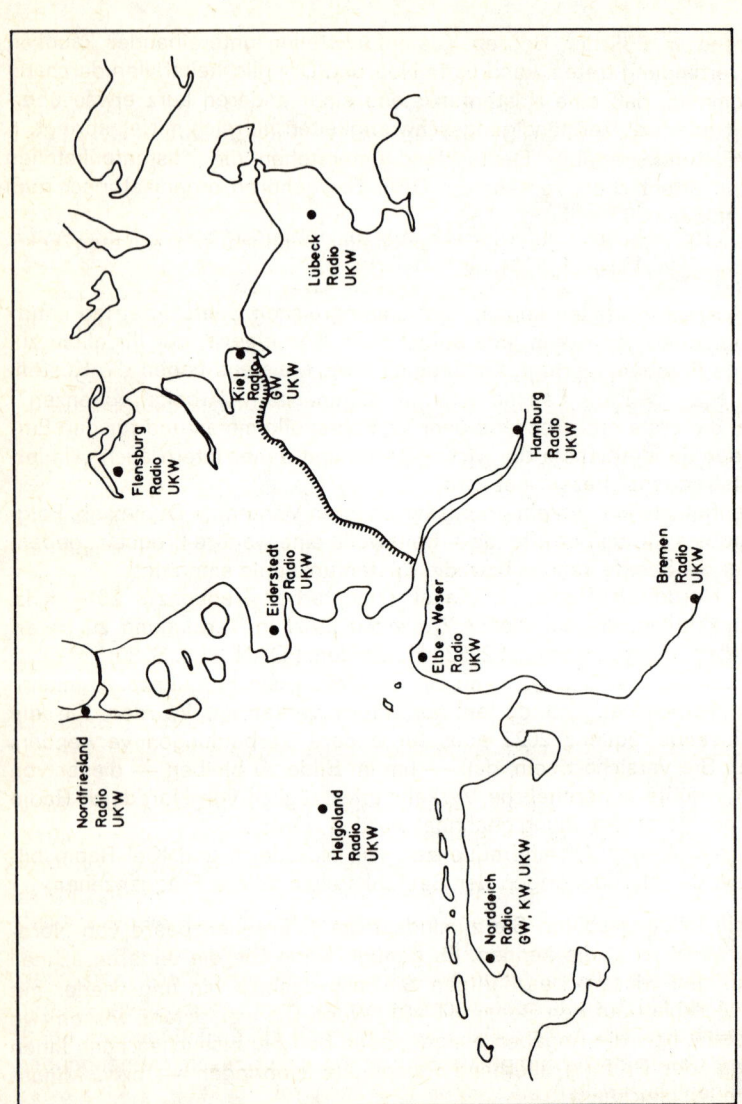

Abb. 12   Lageplan der Küstenfunkstellen für den öffentlichen Dienst

Lübeck
Radio
UKW

Kiel
Radio
GW
UKW

Hamburg
Radio
UKW

Flensburg
Radio
UKW

Eiderstedt
Radio
UKW

Bremen
Radio
UKW

Elbe – Weser
Radio
UKW

Nordfriesland
Radio
UKW

Helgoland
Radio
UKW

Norddeich
Radio
GW, KW, UKW

Während im üblichen Betrieb Küstenfunkstellen untereinander kaum in Funkverbindung treten, kann es in Not- und Dringlichkeitsfällen durchaus vorkommen, daß eine Küstenfunkstelle einer anderen kurz etwas übermittelt oder bei Verständigungsschwierigkeiten hilfreich mit einspringt.

In der Bundesrepublik Deutschland unterstehen die Küstenfunkstellen für den öffentlichen Verkehr der DBP. Sie gehören organisatorisch zum Fernmeldeamt 6 Hamburg.

Im Ausland werden die Küstenfunkstellen vielfach von privaten Fernmeldegesellschaften betrieben.

Die Küstenfunkstellen können den umfangreichen Seefunkbetrieb natürlich nur erledigen, wenn jede selbst über eine eigene, nur ihr allein zugeteilte Frequenz verfügt. Mindestens eine. Meistens haben die Küstenfunkstellen mehrere. Es sind dies ihre sogenannten „Arbeitsfrequenzen", wobei die erste entsprechend dem Verkehrsaufkommen und für den Einsatz der Sonderdienste die wichtigste ist und daher intern auch „Hauptarbeitsfrequenz" bezeichnet wird.

Küstenfunkstellen wickeln grundsätzlich ihren Verkehr in Duplex ab. Folglich muß es für die betreffende Arbeitswelle eine weitere Frequenz geben, auf der die Schiffe senden bzw. die Küstenfunkstelle empfängt.

Z. B. Norddeich Radio, 1. Kanal (Hauptarbeitsfrequenz): 2614 kHz. Seefunkstellen, die auf dieser Welle mit DAN in Verbindung zu treten wünschen, müssen dann auf 2023 kHz senden. ('DAN' = s. S. 80)

2614 und 2023 sind also, wenn Sie so wollen, als Frequenzpaar miteinander verheiratet. Sie dürfen nur intern verkehren. Würden Sie die Schiffssendefrequenz 2023 auch für andere Verbindungen verwenden, dürfen Sie versichert sein, daß — um im Bilde zu bleiben — dieser von Ihnen verübte außereheliche Verkehr unverzüglich von Norddeich Radio mit einer Verstoßmeldung geahndet werden würde . . .

Auch die übrigen Arbeitsfrequenzen von Norddeich und Kiel Radio bilden mit den dazugehörigen der Seefunkstellen solche Frequenzehen.

Für die Prüfung sollten Sie zumindest die 1. Frequenzpaare von Norddeich und Kiel Radio kennen. Es genügt, wenn Sie die anderen schnell aufzufinden wissen. Beschäftigen Sie sich deshalb hin und wieder mit dem Merkblatt auf den Seiten 54—61. Wenn Sie wenigstens wissen, wo was steht, bzw. die Angaben einigermaßen flott heraussuchen, kann Ihnen das auf der Prüfung allerhand Pluspunkte einbringen — bzw. Minuspunkte ausgleichen . . .

Ist der Rundfunk bezahlt?

Da uns der Empfänger am Morgen im Hamburger Hafen noch mit den neuesten Rundfunknachrichten versorgt hat, müssen wir ihn zunächst auf den Grenzwellenbereich umschalten.

A propos Rundfunkempfang.

Unser Mehrbereichs-Seefunkempfänger gestattet technisch zwar auch den Rundfunkempfang, die Genehmigung der Post lautet aber nur auf den Seefunkdienst! Rundfunkhören dürfen Sie mit einem solchen Empfänger deshalb nur, wenn Sie sich dafür angemeldet haben — und dafür bezahlen! (Was natürlich längst erledigt ist, — oder?)

Welcher Sender ist das?

Nachdem der Bereichsschalter auf dem Grenzwellenband steht, drehen wir den Skalenzeiger auf 2614 kHz, auf die Hauptarbeitsfrequenz von Norddeich Radio. Sie werden gleich erfahren, wie richtig diese Bezeichnung ist.

Die Skaleneinteilung ist meistens recht grob. Sie müssen hier im wahrsten Sinne mit Fingerspitzengefühl arbeiten und recht vorsichtig drehen. Sofern das Empfangsgerät ein magisches Auge hat, wissen Sie ja schon von Ihrem Rundfunkgerät Bescheid: wenn die Helligkeit am größten, haben Sie den gewünschten Sender richtig „drin".

Aber ist es wirklich der richtige?

Täuschen Sie sich nicht! Seefunkempfänger sind durchweg sehr leistungsfähig und die Frequenzen sind dicht an dicht belegt. Auch wenn die hellgrünen Leuchtflächen des magischen Auges noch so breit sind, genau beurteilen, ob es wirklich die gewünschte Station ist, können Sie erst, wenn diese sich mit ihrem eigenen Namen meldet. Sie sehen deshalb, wie wichtig eine weitere Regel des Funkdienstes ist:

Keine Aussendung ohne eigenen Stationsnamen!

Wir beobachten eine Küstenfunkstelle

Deutschlands größte Küstenfunkstelle Norddeich Radio ist im Unterelbe-Gebiet recht gut zu hören. Bei dieser Lautstärke bereitet das Abstimmen keine Schwierigkeiten.

Sie ist wie immer um die Vormittagszeit besonders stark beschäftigt. Es läuft gerade ein Gespräch. Wir können beide Partner hören: die sonore Stimme des Maschinisten von Bord und den Sopran seiner Ehefrau:

„ . . . und rechnen, um 18 Uhr in Bremen zu sein. Kannst du heute noch kommen?"

„Ja, fein, Hilde kümmert sich um die Kinder, ich werde mit dem Zug um . . . " —

Stop! Schleunigst weg mit der Lautstärke bitte! Wir sind auf dem besten Wege, das Fernmeldegeheimnis zu verletzen!

Da Sie noch kein Funkpatent haben, also nicht auf das Fernmeldegeheimnis verpflichtet sind, muß ich Sie zunächst ganz offiziell darauf hinweisen, daß Sie den Funkverkehr, den Sie hier mehr oder minder zufällig mithören, weder verwerten noch Dritten mitteilen dürfen. Ja, Sie dürfen noch nicht einmal berichten, daß überhaupt ein Gespräch abgewickelt worden ist! Wenn Sie mir dies versprechen, bin ich bereit, den Empfänger wieder aufzudrehen, damit Sie noch etwas mehr Praxisluft schnuppern können.

Inzwischen ist das Funkgespräch beendet:
„Edmar hier ist Norddeich Radio, das war von 0933 bis 35, also 3 Minuten Mindestgebühr."

— — —

„Ja, geht."

— — —

„Wie war die Rufnummer?"

— — —

„OK, bleiben sie auf Empfang,"

— — —

„Sturmvogel/DCBA hier ist Norddeich Radio, guten Tag, können sie für ihr Telegramm auf Kanal 2 oder 3 gehen?"

— — —

„Gut, danke, — wer war da noch für Norddeich Radio?"
usw. usw.

Ist Ihnen aufgefallen, daß, nachdem das Funkgespräch beendet war, auf 2614 weder die „Edmar" noch die nächste Seefunkstelle „Sturmvogel" zu hören war, sondern nur noch Norddeich Radio allein?
Woran liegt das?
Nun, bei dem Seefunkgespräch hatte Norddeich Radio sowohl seinen Empfänger als auch seinen Sender auf die Fernsprechlandleitung geschaltet, um die Telefonunterhaltung zwischen dem Maschinisten und dessen Ehefrau in beiden Richtungen zu ermöglichen. Die Leitung war also gewissermaßen sowohl vom Empfänger und Sender bei Norddeich Radio „angezapft". Folglich ging alles, was auf dem Schiff gesprochen wurde, nicht nur in die Richtung zur Gesprächspartnerin an Land, sondern gleichzeitig auf dem „Kurzschlußweg" ebenfalls auf den Küstensender.

Mit recht knifflichem technischen Aufwand kann man das zwar verhindern, aber in der Praxis haben sich diese sogenannten Echosperren nur unbefriedigend bewährt — und bleiben deshalb meistens ausgeschaltet. Die Funker vertrauen darauf, daß von allen Mithörern das Fernmeldegeheimnis strikt beachtet wird. Wir wollen sie nicht enttäuschen!

Sobald das Funkgespräch beendet ist, trennt der Küstenfunker die Fernsprechleitung ab und schaltet sich dafür wieder selbst ein. Jetzt endet das, was er vom Schiff empfängt in seinem Kopfhörer. Es gelangt also weder akustisch noch elektrisch davon etwas zum Küstensender. Wer jetzt noch beide Stationen hören will, muß halt über einen zweiten Empfänger verfügen und diesen auf die Schiffsfrequenz abstimmen.

Wir „stellen" eine Station ein

Leider sind die Empfangsbedingungen nicht immer so gut, wie in unserem Beispiel eben mit Norddeich Radio.

Übungshalber wollen wir unseren Empfänger auf eine weiter entfernte Küstenfunkstelle abstimmen. Z. B. auf die englische Station Humber Radio.

Wo die sendet? Das erfahren Sie aus dem Sonderheft MfS (und natürlich auch aus dem Nautischen Funkdienst. Da aber dieses ansonsten vorzügliche Dienstwerk nicht zum Prüfungsstoff gehört, wollen wir es hier unberücksichtigt lassen. Das DHI wird dafür sicherlich Verständnis haben. —)

Sehen wir uns das Sonderheft MfS etwas genauer an. Wir stellen fest, daß wir G wie Großbritannien auf Seite 14 finden. Unter Humber Radio lesen wir Angaben über Hörbereitschaft auf GW und UKW (Spalte 2a). Aus den Spalten 2b und 2c können wir ersehen, auf welchen Frequenzen Humber Radio hört und antwortet. Die Spalten 3a und 3b geben uns Auskunft über die Arbeitsfrequenzen — und hier ist die Frequenz 1869 kHz unterstrichen. Das bedeutet, daß es sich hierbei um die Hauptarbeitsfrequenz handelt. Auf dieser Frequenz werden u. a. auch die Sammelanrufe verbreitet. Zu welchen Zeiten Sammelanrufe gesendet werden, ersehen Sie aus der letzten Spalte (z. B. 2stdl 0733 — 2333 UTC). Zurück zu der Hauptarbeitsfrequenz 1869 kHz.

Weil ab 1. Januar 1982 auf allen GW-Arbeitsfrequenzen ausschließlich im Einseitenbandverfahren mit unterdrücktem Träger (A3J = J3E) gesendet wird, gehe ich davon aus, daß Sie Ihre Seefunkstelle mit den dafür geeigneten Empfänger und Sender ausgestattet haben. Wäre das nämlich nicht der Fall, dürften und könnten Sie am Seefunkdienst im Grenzwellenbereich nicht mehr teilnehmen. Einige technische Hinweise zu diesem Verfahren finden Sie an anderer Stelle in diesem Buch (S. 170 ff.) Es ist aber, so meine ich, an dieser Stelle notwendig, auf die richtige Empfängereinstellung einzugehen. Ihr Empfänger hat dafür doch sicherlich eine Frequenzanzeige, die auf 1 kHz genau — besser noch 0,5 kHz — die Frequenz anzeigt. Ist die Frequenzanzeige ungenauer, gestaltet sich die Einstellung ungleich schwieriger. Also ans Werk! An unserer Frequenzanzeige sehen wir 1865 kHz — weiterdrehen — 1867 kHz — nicht so schnell drehen! — denn jetzt waren es 1873 kHz — langsam zurückdrehen nach 1872 kHz — jetzt 1870 kHz — und jetzt haben wir 1869 kHz auf der Anzeige. Wir haben Glück, denn Humber Radio scheint zu senden. Aber was ist das für eine Sprache? Wir vernehmen ein unverständliches „Gebrabbel", das selbst Sie als des Englischen kundig nicht identifizieren können.

Aber kein Grund zur Beunruhigung, bisher haben Sie alles richtig gemacht, also bitte auch nicht mehr an der Frequenzabstimmung drehen! Jetzt schalten Sie an Ihrem Empfänger den Schalter „BFO" ein (an einigen Gerätetypen finden Sie auch anstelle von BFO die Bezeichnung A3A/A3J = J3E oder EB bzw. SSB). Es kann durchaus sein, daß das „Gebrabbel" weiterhin unverständlich bleibt. Aber jetzt betätigen Sie den so bezeichneten „Clarifier" — auch „Feinabstimmung" genannt. Das ist ein Drehknopf, der eine sehr feine Untersetzung hat (bei einigen Geräten ist auch der „BFO" als Drehknopf angeordnet und übernimmt damit die Funktion des „Clarifier"). Drehen Sie die Feinabstimmung ganz vorsichtig nach rechts — das Gebrabbel wird piepsiger und bleibt unverständlich. Jetzt drehen Sie nach links — aber doch nicht so schnell! — Denn jetzt ist aus dem piepsigen ein dumpfes Gebrabbel geworden. Also jetzt langsam — langsam bitte! — wieder nach rechts drehen. Und siehe da! Klar und deutlich tönt Humber Radio aus dem Lautsprecher. Möglicherweise werden Sie jetzt erklären: Das ist aber eine komplizierte Einstellerei im Einseitenbandverfahren! Und das soll ein Vorteil sein?

Nun, was ich Ihnen geschildert habe, mag sich zunächst kompliziert anhören. Aber es soll Ihnen vorerst helfen, Ihren Empfänger richtig einzustellen. Aber es ist noch wichtiger, das Einstellen des Empfängers oft zu üben — denn: Üben macht den Meister! Sie werden nach mehrmaligen Einstellübungen feststellen, daß mit nötigem Feingefühl sich die gewünschten Frequenzen gut und schnell einstellen lassen und daß der Empfang überraschend gut ist. Aber immer vorausgesetzt, daß Sie einen für das Einseitenbandverfahren geeigneten Empfänger haben. Übrigens können Sie den „BFO" auch noch für andere Zwecke nutzen. Wollen Sie beispielsweise das Zeitzeichen der Küstenfunkstellen Norddeich oder Kiel Radio empfangen, so ist das nur möglich, wenn Sie dazu in Ihrem Empfänger den BFO einschalten. Das Zeitzeichen wird nämlich mit der Sendeart A1 (Telegrafie tonlos) ausgestrahlt, d. h. es wird die Trägerfrequenz getastet. Da diese aber in einem für das menschliche Ohr unhörbaren Bereich liegt (Hochfrequenz), kann man die an sich unhörbare Frequenz mit Hilfe des BFO hörbar machen. Der BFO erzeugt im Empfänger eine hörbare Frequenz, die mit der empfangenen nicht hörbaren Frequenz gemischt bzw. überlagert wird (daher wird der BFO auch als Überlagerer bezeichnet). Das Mischprodukt kann wiederum bei entsprechender Einstellung hörbar gemacht werden. Diese Technik nutzen beispielsweise Telegrafiefunker, wenn Sie mit der Sendeart A1 arbeiten.

Ist Ihr Empfänger mit sogenannten Empfangsquarzen ausgerüstet, können also durch Tastendruck die gewünschten Frequenzen eingeschaltet werden, dann brauchen Sie nur noch mit Hilfe des Clarifiers die Sprache auf Verständlichkeit einzustellen (siehe oben). Das ist natürlich eine wesentliche Erleichterung, setzt aber voraus, daß Ihr Empfänger eine genügende Anzahl von Festquarzen aufweist. Ist das nicht der Fall, dann sind Sie empfangsseitig etwas eingeengt. Für den Empfang von Wetterberichten oder nautischen Warnnachrichten sollten aber derartige Empfänger genügen.

Jeder Funkverkehr beginnt mit einem — richtigen! —Anruf

Jeder Funkverkehr wird grundsätzlich mit einem Anruf eingeleitet. Deshalb müssen Sie ihn bereits für Ihre ersten Gehversuche im Seefunkbetrieb unbedingt beherrschen.

Er sei doch kinderleicht? Ja, ist er auch. Trotzdem machen es von 6 Anfängern 5 falsch. Warum? Genau weiß ich es auch nicht. Ich vermute, daß die meisten noch die fehlerhaften Beispiele aus Rundfunkhörspielen und Fernsehfilmen im Ohr haben. Selbst der tüchtige Vater Porter Riggs auf dem Kontrollflitzer bei „Flipper" war in dieser Beziehung Dilettant. Daß es in der UFO-Serie ebenfalls verkehrt war, ist evtl. noch zu verstehen. Der Funkverkehr spielte sich ja im außerirdischen Bereich ab, — und da mögen u. U. andere Regeln gelten . . .

Auf unserem Planeten heißt es jedenfalls nicht: „Shado ruft Sovatex", sondern hier nennt man immer umgekehrt zuerst die Station, mit der die Verbindung gewünscht wird. Dann 1 mal „hier ist" — im internationalen Verkehr „de" (Delta Echo). Erst danach stellt man sich selbst vor. Die gerufene wie die eigene Station dürfen nur höchstens 3 mal genannt werden. Beim letzten Mal fügen Sie bitte das Rufzeichen nach der Buchstabiertafel hinzu.

So zum Beispiel:

> Norddeich Radio   Norddeich Radio   Norddeich Radio
> hier ist (oder „de" — gesprochen: Delta Ecko)
> Seeadler   Seeadler   Seeadler   Delta   Foxtrott   Tango   Golf

Weniger als 3 mal die Stationsnamen zu nennen, also den Anruf abzukürzen, ist nur dann angebracht, wenn mit Sicherheit eine störungsfreie Verbindung bei guter Lautstärke erwartet werden darf. Kürzen Sie den Anruf aber niemals damit ab, daß Sie zwar 3 mal die verlangte Station rufen und nur 1 mal Ihren eigenen Schiffsnamen, womöglich noch ohne Rufzeichen, angeben. Wie die verlangte Station heißt, weiß sie selbst am besten. Wer sie aber ruft, kann der dortige Funker besonders bei recht ausgefallenen oder ähnlich klingenden Namen nicht immer bei einmaliger Nennung genau verstehen. Machen Sie es deshalb beim abgekürzten Anruf umgekehrt: 1 mal den Namen der verlangten Station — „hier ist" — dann 2—3 mal die eigene Seefunkstelle nennen —und Rufzeichen nicht vergessen.

Und noch etwas: geben Sie vor allem beim Anruf an eine Küstenfunkstelle immer gleich mit an, was Sie auf dem Herzen haben. Der Funker kann sich dann nämlich, während er Ihnen antwortet, schon entsprechend vorbereiten: den Gesprächszettel, das Telegrammformblatt oder den TR-Block ausfüllen usw. Dadurch spart er Zeit, der Verkehr läuft flüssiger und davon profitieren schließlich alle.

Hier ein Musterbeispiel:

Norddeich Radio   Norddeich Radio   Norddeich Radio
hier ist
Seeadler   Seeadler   Seeadler/DFTG
ich habe ein Gespräch/ein Telegramm/ein TR/eine Anfrage usw. für sie

Das Wort „over" kann entfallen, weil es sich hier ja um Duplexverkehr handelt. — (Sind Ihnen noch die Hauptarbeitsfrequenzpaare von Norddeich und Kiel Radio bekannt?)

Zwar hat Norddeich Radio wie jede andere Küstenfunkstelle auch ein Rufzeichen: DAN, im Sprechfunkverkehr wird es aber nicht mitgegeben. Der Zusatz „Radio" kennzeichnet nach VO Funk eindeutig, daß es sich um eine „ortsfeste Funkstelle des beweglichen Seefunkdienstes" handelt. Jedoch eignen sich die Rufzeichen sehr gut als Kurzangaben für die Funktagebucheintragungen. Es sei Ihnen deshalb auch das Rufzeichen von Kiel Radio verraten: DAO. Die Rufzeichen sind einfach zu merken: N wie Nordsee, O wie Ostsee.

Ist die Verbindung hergestellt, d. h. hat die gerufene Funkstelle geantwortet, nennen Sie bitte nur noch einmal Ihren Stationsnamen.

Norddeich Radio
hier ist
Seeadler   Delta   Foxtrott   Tango   Golf
bitte Kiel   drei   neun   zwo   null   zwo   zwo
(nicht neununddreißig   zwanzig   zwoundzwanzig!)

War Ihr erster Anruf vergeblich, dürfen Sie die Anrufe in Abständen von 3 Minuten wiederholen, wenn Sie sich davon überzeugt haben, daß die Wiederholungsanrufe keinen anderen Verkehr stören. Benutzen Sie aber die ersten 3 Warteminuten vor allem dazu, zu überprüfen, ob Sie wirklich die richtige Frequenz auf dem Empfänger und Sender eingeschaltet haben. Meistens werden Sie bei dieser Gelegenheit bereits den Grund Ihres vergeblichen Anrufes feststellen . . .

Vorbereitungen zum Senden

Wie Sie bereits wissen (sollten), dürfen Sie, wenn Sie beispielsweise mit Norddeich Radio auf der Hauptarbeitswelle 2614 kHz in Verbindung zu treten wünschen, nur eine ganz bestimmte Schiffssendefrequenz dafür verwenden: 2023 kHz. Es ist ja Duplex. Sie, und nur sie steht Ihnen dafür zur Verfügung. Jedenfalls tagsüber. In den Nachtstunden sind lt. Merkblatt von 2200—0600 UTC die Anrufe auf 2182 zu verlagern. Unterrichten Sie sich daher, vor allem, solange Sie noch nicht über entsprechende Erfahrungswerte verfügen, stets vorher an Hand der Dienstbehelfe über die betriebstechnischen Einzelheiten der betreffenden Gegenstation.

Der große Hebelgriff oben läßt erkennen, daß die Sendeantenne geerdet werden kann bzw. abschaltbar ist. Bei Gewitter. Und beim Peilen. Sonst können Sie sie angeschaltet lassen. Auf jeden Fall, wenn Sie senden wollen. Niemals den Sender ohne Antenne abstimmen! Das kann die — teure — Endröhre kosten!

Drehen Sie den Netzschalter auf „Vorheizen" bzw. „stand by". Dadurch halten Sie den Sender betriebsbereit, d. h. er kann noch nicht strahlen. Fehlt diese Stellung am Gerät, dann bitte auf Position „Senden".

Nun zuerst die Steuerstufe auf den Quarz für 2023 kHz einstellen. Der Quarz ist der „Schwingungserzeuger". Wie ihm das gelingt, verrate ich Ihnen später im technischen Teil.

Welche Stellung der Schalter „Simplex bzw. Wechselsprechen — Duplex bzw. Gegensprechen" haben muß, wissen Sie schon von selbst, nicht wahr? Dann drehen Sie die Schalter der weiteren Senderstufen bzw. der Antennenstufe auf die Werte ein, die Sie zumeist handgeschrieben auf den betreffenden Abstimmtabellen am Sender finden. — Sofern Geräte nur mit einem einzigen Abstimmschalter ausgestattet sind, werden mit ihm auch die übrigen Stufen entsprechend angekoppelt. Diese einfache Bedienung ist etwa dem automatischen Getriebe eines PKW vergleichbar.

Solange im Empfänger auf 2614 noch Funkverkehr zu beobachten ist, müssen Sie unbedingt jede Aussendung auf 2023 vermeiden! Sie dürfen also noch nicht einmal die Handtaste drücken, um vom Aussteuermeßinstrument oder — je nach Gerätetyp — von einem dafür eingebauten speziellen magischen Auge zu erfahren, „ob was raus geht".

Verlassen Sie sich darauf, es geht. Auch wenn es man „bloß" der Träger ist. Aber das reicht schon aus, um einen Funkverkehr auf der gleichen Frequenz erheblich zu stören. Es sind technisch die gleichen Verhältnisse wie beim Abstimmen im Empfänger mit dem A1-Überlagerer: jede Frequenz, die hinzukommt, mischt kräftig mit und versucht durch diese Kollision gewissermaßen einen „hochfrequenten Blechschaden" oder gar noch Ärgeres.

Auch über den „Träger" erfahren Sie im technischen Teil mehr.

Wie schon mit „Blechschaden" angedeutet, ist das Senden mit dem Anfahren eines PKW vergleichbar. Bevor man losfährt, müssen verschiedene wichtige Vorsichtsmaßregeln beachtet werden. Wo bereits einer fährt/ sendet, kann nicht gleichzeitig ein zweiter sein. Man darf sich nur in eine Verkehrslücke einordnen. Weiterhin ist die richtige Fahrstraße/Frequenz wichtig. Nicht jede ist überall für Sie zugelassen. Viele wiederum sind bestimmten Fahrzeug-/Schiffsarten vorbehalten, also für Sie gesperrt.

Sollte dieser Sachverhalt inzwischen etwas in Vergessenheit geraten sein, schauen Sie lieber gleich noch einmal kurz auf dem Merkblatt nach.

Übersehen wir auch nicht den Leistungsschalter. Zum Abstimmen des Senders ist immer die kleinste Leistung zu wählen. Ansonsten nehmen Sie die Leistung, die Ihnen eine ausreichende Verbindung gewährt. Denken Sie vor allem beim Schiff-Schiff-Verkehr daran, die Leistung zu drosseln. Diese Frequenzen müssen zwangsläufig von vielen Seefunkstellen gleichzeitig verwendet werden. Seien Sie deshalb hier genau so rücksichtsvoll, wie Sie es im Straßenverkehr sind und von den anderen erwarten.

Und da wir gerade von Verkehrsdisziplin reden, noch eine kleine Anmerkung:

Wenn Sie auf einer Frequenz sprechen, sollten Sie auch etwas zu sagen haben. — Mit anderen Worten: keine überflüssigen und langatmigen Redensarten führen, sondern kurz und knapp formulieren! Merken Sie sich deshalb noch einen dritten Grundsatz im Seefunkverkehr:

Keine unnötigen Aussendungen!

Im Schiff-Schiff-Verkehr sollte es Ihnen gelingen, innerhalb von 5—6 Minuten alles zu besprechen.

Die Höflichkeitsformen fallen natürlich nicht unter „unnötige Aussendungen". Im Gegenteil, sowohl der nationale als auch der internationale Seefunkdienst zeichnet sich dadurch aus, daß er ausgesprochen freundlich und höflich abgewickelt wird.

Das verpflichtet auch Sie!

Wir senden eine TR-Meldung

TR kommt aus dem Englischen und heißt „Travel Report", was hier etwa mit „Reiseweg-Angaben" zu übersetzen wäre.

Wenn jederzeit zumindest der ungefähre Schiffsstandort bekannt ist, so dient das der reibungslosen Funkverkehrsabwicklung und nicht zuletzt auch der Schiffssicherheit.

Sie sind deshalb gehalten, TR-Meldungen abzugeben, wenn Sie in den Verkehrsbereich einer deutschen Küstenfunkstelle gelangen und wenn Sie aus- und einlaufen.

Auch fremden Küstenfunkstellen sollten Sie TR's übermitteln.

Sie sind kostenlos.

Die Senderöhren benötigen ca. 1 Minute Anheizzeit. Deshalb hatten wir den Netzschalter schon einige Zeit lang auf „Senden" — oder — falls vorhanden — auf die Stellung „Vorheizen" bzw. „stand by" gedreht.

Lassen Sie den Handapparat jedoch immer noch ruhig in der Halterung liegen. Damit laufen Sie nicht Gefahr, versehentlich auf die Sprechtaste zu drücken. Denn dann würde der Sender — wie schon erklärt — strahlen (In Stellung „Vorheizen" bzw. „stand by" allerdings nicht) und wahrscheinlich den noch nicht beendeten anderen Verkehr stören.

Endlich ergibt sich eine Verkehrslücke. Führen Sie sogleich folgende Tätigkeiten aus:

1. Handapparat herausnehmen, falls nicht automatisch damit gekoppelt: Lautsprecher ab-, zumindest aber ganz leise schalten und Taste drücken
2. kurz zählen: „ . . . einundzwanzig, zweiundzwanzig" und dabei
3. den Zeigerausschlag bzw. das magische Auge — natürlich am Sender — beobachten.

   Der Zeiger soll den weitesten Ausschlag erreichen und dabei etwas vibrieren. Falls ein magisches Auge die Sender-Aussteuerung anzeigt, soll es in größter Helligkeit erstrahlen und etwas flackern.

   Das Vibrieren bzw. das Flackern wird von der Sprache, technisch von der „Modulation" verursacht.

Sie haben für diese mit kleinster Leistung vorzunehmende Abstimmung nicht uferlos Zeit. Von 1. bis 3. dürfen nicht mehr als 10 Sekunden vergehen. Das sei recht kurz? — Keineswegs! Auch für einen Anfänger ist das reichlich bemessen. Die Praxis wird es Ihnen bestätigen. Beherzigen Sie jedoch: nicht hastig oder aufgeregt sein. Auch hier ist noch kein Meister vom Himmel gefallen.

Und jetzt sofort weiter:

„Norddeich Radio   Norddeich Radio   Norddeich Radio
hier ist
Seeadler Seeadler Seeadler Delta Foxtrott Tango Golf
ich habe ein TR für sie"

So war der Anruf richtig. Unverzüglich ertönt in der Hörmuschel die Antwort:

„Seeadler Seeadler Seeadler Delta Foxtrott Tango Golf
hier ist
Norddeich Radio   Norddeich Radio   Norddeich Radio
guten Tag, ich höre sie gut, bitte bringen sie ihr TR"
„Norddeich Radio (richtig, nur 1 mal)
hier ist
Seeadler/DFTG
guten Tag, wir sind um 0900 Uhr UTC aus Hamburg ausgelaufen, fahren nach Kopenhagen, passieren Schulau"
„TR erhalten, besten Dank, hier liegt nichts für sie vor, gute Fahrt und auf Wiederhören"
„Ebenfalls besten Dank, auf Wiederhören"
— Gratuliere, das hat vorzüglich geklappt.

Wir haben unsere „Seeadler" nun bei DAN angemeldet. Man weiß dort, daß und wohin wir unterwegs sind.
Funktagebuch:

UTC	Frequenz	an	von	Angaben
1005	2023/2614	DAN	DFTG	TR: 0900 Hmb ausgelaufen nach Kopenhagen, passieren Schulau

Wenn Sie später etwas mehr Praxis beherrschen, werden Sie auf die Mikrofonprobe mit dem Zählen vor dem eigentlichen Anruf verzichten und den Modulationseffekt am Gerät während des Anrufes feststellen.

Test-Sendungen

Nicht daß der Sender häufig streikt, aber hin und wieder hat er so seine kleinen Mucken. Das kann die feuchte Mikrofonkapsel, ein Wackelkontakt in der Leitung zum Handapparat oder im Antennenkabel, eine müde Röhre oder sonst ein relativ leicht selbst zu behebender Fehler sein.
Wie stellen Sie nun fest, ob alles wieder in Ordnung ist?
Wollen Sie nur eine Mikrofonprobe machen, zählen Sie oder sprechen Sie die Wochentage bzw. Monate durch auf einer Schiff-Schiff-Frequenz — mit geringster Leistung selbstverständlich und auch erst, wenn Sie dort keinen lauten Verkehr, also aus unmittelbarer Nähe wahrnehmen: „Einundzwanzig — zweiundzwanzig . . . bzw. Sonntag — Montag usw. . . ."
Streuen Sie dabei hin und wieder das Wort „Test" ein — und natürlich Ihren Schiffsnamen einschl. Rufzeichen.
Möchten Sie eine präzisere Beurteilung über Ihre Modulationsgüte und/oder über die Senderstärke erfahren, dürfen Sie auch einen Anruf „an alle" richten oder sich an eine Küstenfunkstelle wenden. Ein Rechnung wird Ihnen dafür nicht präsentiert. Das gehört zum kostenlosen „Betriebsservice".

Sammelanrufe

Anläßlich unserer TR-Meldung hat uns Norddeich Radio freundlicherweise gesagt, daß dort nichts weiter für uns vorlag.

Wie erfahren wir aber, wenn uns späterhin jemand mit einem Telegramm beglücken will oder uns dringend zu einem Seefunkgespräch verlangt?

Es wäre ein sehr umständliches Verfahren, müßten alle Seefunkstellen in mehr oder minder kurzen Abständen die Küstenfunkstellen anrufen und fragen: „Haben sie jetzt was für mich?"

Man macht es umgekehrt. Alle Küstenfunkstellen senden zu festgelegten Zeiten auf ihrer Hauptarbeitsfrequenz den sogenannten Sammelanruf. Hierbei werden alle diejenigen Schiffe gerufen, für die irgend etwas vorliegt.

Und nur die brauchen sich natürlich anschließend zu melden.

Das bedeutet aber andererseits, daß Sie unbedingt mehrmals am Tage die Sammelanrufe zumindest Ihrer Heimatküstenfunkstelle abhören sollten. Auf längeren Seereisen ebenfalls die derjenigen Küstenfunkstellen, die auf Ihrer Route liegen.

Das Abhören ist auch gar kein Problem, denn Sie werden in dieser Beziehung sehr verwöhnt: Die Sammelanrufe kommen stündlich, jedenfalls von DAN und DAO für die deutschen Seefunkstellen. Sofern Sie diese Angaben noch nicht dem Merkblatt entnommen haben sollten, hier sind die Zeiten:

Norddeich Radio auf 2614 kHz zur 45. Minute
Kiel Radio auf 2775 kHz zur 25. Minute

Wir wollen uns den nächsten Sammelanruf von DAN einmal anhören.

„An alle Funkstellen   an alle Funkstellen
an alle Funkstellen
hier ist
Norddeich Radio   Norddeich Radio   Norddeich Radio
mit dem Sammelanruf
Telegramme oder Gespräche liegen vor für
August Bornholdt/DACF, Weserland/DCZO, Norma/DFLI, Falke/DGHR
Lore Gerdsen/DHKB, Brunhilde/DJAQ, Klaus Westermann/DLPT . . .
usw. usw.
Ende des Sammelanrufes
Norddeich Radio ist empfangsbereit auf 2023 kHz"

Tragen Sie das Ergebnis des Sammelanrufes bitte in das Funktagebuch ein:

UTC	Frequenz	an	von	Angaben
1045	2614		DAN	Sammelanruf ohne DFTG

Über die Sammelanrufzeiten und -frequenzen ausländischer Küstenfunkstellen informiert Sie das Sonderheft MfS. Und natürlich der „Nautische Funkdienst" bzw. der „Jachtfunkdienst".

Die nicht so häufigen speziellen Sammelanrufe für ausländische Schiffe — meistens im 3-Stunden-Abstand — werden von den Küstenfunkstellen im allgemeinen in englischer Sprache gesendet und heißen „traffic list". Sie werden auf 2182 kHz angekündigt.

So zum Beispiel:

> „Hello all ships   all ships   all ships
> this is
> Scheveningen Radio   Scheveningen Radio   Scheveningen Radio
> for my traffic list please listen on 1890 kilocycles — over"

UKW-Seefunk

1050 UTC. Wir passieren gerade Stadersand.

Das ist eine vorzügliche Gelegenheit, Ihnen ein weiteres Funkgerät auf der „Seeadler" vorzustellen: die UKW-Seefunkanlage.

Ich habe sie Ihnen zunächst unterschlagen, weil sie nicht zur Pflichtausrüstung laut Schiffssicherheitsverordnung bzw. ISSV gehört. Wir haben die UKW-Seefunkanlage trotzdem an Bord. Freiwillig. — Schiffsleitung bzw. Reeder wissen, warum.

Ultrakurzwellen breiten sich ähnlich weit wie das Licht aus. Fachleute sprechen deshalb auch von einer „quasi-optischen" Ausbreitung. Sie kennen diese Verhältnisse bereits von Ihrem Fernsehgerät her. Je höher die Antenne, desto größer die Reichweite. Durchschnittlich rund 20—30 Seemeilen.

Diese geringe Reichweite hat andererseits den Vorteil, daß die gleiche Frequenz im nächsten Hafen oder Revier bereits wieder verwendet werden kann, ohne daß man sich gegenseitig stört.

Um den internationalen Seefunksprechverkehr auf Grenz- und Kurzwelle zu entlasten und zu ergänzen, hat man daher der Schiffahrt seit einem guten Jahrzehnt auch ein UKW-Band (156—174 MHz) zur Verfügung gestellt. Es dient folgenden Zwecken:

1. Internationale Not-, Sicherheits- und Anruffrequenz — jedoch ohne Seenotpausen —: 156,8 MHz — Kanal 16, Simplex

(Kanal 16 darf benutzt werden für: Notzeichen, Notanruf, Notverkehr, für Dringlichkeitszeichen und -verkehr — nicht länger als 1 Minute — sowie Sicherheitszeichen.)

2. *Schiff-Schiff-Verkehr*
   (Auf Fangplätzen, mit Lotsenfahrzeugen, Schleppern usw. — Simplex)

3. *Revierfunkverkehr*
   (Nichtöffentlich. Verkehr mit Küstenfunkstellen der Hafen- bzw. Schifffahrtsverwaltungsstellen über Hafenabfertigungen, Liegeplätze usw. Außerdem Radar-Beratung usw. — Simplex und Duplex).

4. *Öffentlicher Verkehr*
   (Funktelegramme und -gespräche über Küstenfunkstellen der Fernmeldeverwaltungen wie auf GW und KW — Duplex)

Insgesamt gibt es 55 Kanäle. Sie sind je nach Verwendungszweck (1.—4.) aufgeteilt. Firmen, die Ihnen ein 57-Kanal-Gerät anbieten, übersehen, daß Kanal 16 oberhalb und unterhalb mit je einem nicht belegbaren Schutzkanal umgeben ist.

Die Ausrüstung mit UKW-Seefunk ist zwar freiwillig, in bestimmten Seegebieten, z. B. auf den „Großen Seen" ist eine solche Anlage jedoch obligatorisch. Auch darf man im Gegensatz zur Grenz- und Kurzwelle nicht nur im Hafen auf UKW senden, sondern da jeder moderne Hafen inzwischen über eigene UKW-Betriebs-Küstenfunkstellen verfügt, erwartet er sogar, daß dieser auf eine möglichst schnelle Abfertigung gerichtete Service auch in Anspruch genommen wird.

Die Küstenfunkstellen dieses nautischen Revierfunks (3.) — sie tragen den Zusatz „Port" — z. B. „Hamburg Port Radio" — und des Sicherungsrevierfunks — sie tragen Zusätze wie „Radar", „Pilot" usw. — werden gleich auf ihrem Arbeitskanal gerufen. Verkehrsabwicklung meistens Simplex.

Die Küstenfunkstellen des öffentlichen Verkehrs (4.) ruft man vergleichsweise wie auf Grenzwelle gleich auf Arbeitskanal, nur wenn gefordert wird auf Kanal 16. Dann wird mit ihnen ein Frequenzwechsel auf den Duplex-Arbeitskanal vereinbart. Die deutschen UKW-Küstenfunkstellen sollen jedoch — ohne Ausnahme — gleich auf ihrem Arbeitskanal gerufen werden.

Auf die rapide zunehmende UKW-Ausrüstung an Bord von Wassersportfahrzeugen hat inzwischen auch das Fernmeldeamt 6 Hamburg reagiert und vorzugsweise für diesen Schiff-Schiff-Verkehr (2.) die Kanäle 72 und 69 vorgesehen.

UKW-Seefunk-Geräte sind recht einfach zu bedienen. Die Duplex-Kanäle sind technisch so eingerichtet, daß der Kanalschalter gleichzeitig die Sende- und Empfangsfrequenz abstimmt. Vielfach wird mit dem Kanalschalter die gewählte Frequenz nur „vorprogrammiert". Um vom Anruf-Kanal 16 auf die eingestellte Arbeitsfrequenz hinüberzuwechseln, brauchen Sie bei verschiedenen Geräten nur noch auf einen weißen Knopf zu drücken. — Sobald Sie den Handapparat in die Halterung zurücklegen, schaltet sich Kanal 16 automatisch wieder ein. Mit neueren UKW-Geräten ist zumeist die Zwei-Kanal-Überwachung (Dual Watch) möglich; d. h., daß im Bereitschaftsbetrieb auf anderen UKW-Kanälen der Kanal 16 zusätzlich auf den Lautsprecher geschaltet werden kann.

Auf sehr großen Schiffen kann auch innerbetrieblicher Funkverkehr mit UKW-Bord-Sprechfunkanlagen ausgeübt werden. (Kanal 15 und 17, sowie neuerdings Frequenzen im Bereich um 460 MHz).

Die Hauptfunkstelle erhält in dem Fall den Zusatz „Control" — z. B. „Esso Hamburg Control". Den Nebenfunkstellen wird ein Buchstabe hinzugefügt. Z. B. „Esso Hamburg Alfa". — Inwieweit dieser Verkehr in fremden Hoheitsgewässern wahrgenommen werden darf, hängt von den jeweiligen Landesbestimmungen ab.

Selbst wenn nur eine UKW-Seefunk-Anlage an Bord sein sollte, bedienen darf sie nur ein Seefunkpatentinhaber!

Die UKW-Seefunkgeräte sind auch für den internationalen Rheinfunkdienst verwendbar. Allerdings sind bestimmte Sonderregelungen zu beachten.

Während die bundesdeutschen UKW-Küstenfunkstellen in dem Ihnen bekannten Merkblatt aufgeführt sind, finden Sie Angaben über Küstenfunkstellen für den nichtöffentlichen Verkehr (Pilot-, Radar-, Revier-, Port-, Kanal- und Lock-Radio) im Sonderheft MfS, im Nautischen Funkdienst oder Jachtfunkdienst. So wird beispielsweise Stadersand Elbe Port Radio auf Kanal 11 gerufen. Auf diesem Kanal wird auch der weitere Verkehr abgewickelt. Wir wollen dieser vom Schiffsmeldedienst betriebenen Küstenfunkstelle ebenfalls eine TR-Meldung übermitteln.

Also gleich auf Kanal 11 rufen, wobei wegen der durchweg guten Verbindung auf UKW ein Kurzanruf genügt:

„Stadersand Elbe Port hier ist

Seeadler Seeadler/DFTG
ich habe ein TR für Sie — over"   (Simplex)

Das Wort „Radio" kann hierbei entfallen. Der Zusatz „Port" genügt allein als Kennzeichnung für eine Küstenfunkstelle des Revierfunkdienstes.

> „Seeadler/DFTG   hier ist
> Stadersand Elbe Port
> guten Tag, bitte kommen — over"
> „Stadersand Elbe Port   hier ist
> Seeadler/DFTG

guten Tag, kommen von Hamburg, fahren nach Kopenhagen, passieren soeben Stadersand, werden in ca. 3 Stunden in Brunsbüttel sein — over"

> „hier ist Stadersand Elbe Port
> danke, habe verstanden, werde Brunsbüttel verständigen —
> Ende — over"
> „hier ist Seeadler
> vielen Dank, auf Wiederhören — Ende"

UTC	Frequenz	an	von	Angaben
1055	11	Stadersand Elbe Port	DFTG	TR an, — will Brunsbüttel verständigen

Wie Sie sehen, wird unsere „Seeadler" nicht mehr überraschend in den Nord-Ostsee-Kanal einlaufen, sondern wir werden dort „schiffsdienstlich gewahrschaut". U. a. wird ein Kanal-Lotse für uns bereitstehen. Time is money! Auf einem Frachter amortisiert sich ein UKW-Seefunkgerät schnell. Besonders, wenn tagelang waschküchendicker Nebel auf den Wasserstraßen liegt und das Schiff über eine Radar-Kette per UKW-Verbindung in den Hafen hinein- bzw. herausmanövriert werden kann.

Auch den Elblotsen für das Einlaufen in die Schleusen werden wir über UKW anfordern. Über „Brunsbüttelkoog Pilot Radio" auf Kanal 9.

Und danach im NOK wird UKW-Seefunk ebenfalls benötigt. Vom Kanal-Lotsen, der sich über alle möglichen Betriebsverhältnisse unterrichten und seine eigenen Meldungen durchgeben muß.

Telegrammaufgabe

Es klopft. Matrose Lehmann, ein begeisterter Filmamateur, tritt ein. Er legt einen Notizzettel mit folgenden Angaben auf den Tisch:

> Frau Marion Lehmann Lübeck-Travemünde Alte Hafengasse 15
> Bringe mir bitte die Kamera nach Holtenau.
> Wir treffen dort heute Abend um 22 Uhr ein
>
>   herzliche Grüße Dein Heinz

Matrose Lehmann hat grundsätzlich Anspruch darauf, daß alles, was er niedergeschrieben hat, übermittelt wird. Doch vermutlich wird er froh darüber sein, wenn wir ihn fachlich beraten und vorschlagen, das Telegramm auf eine knappe Form zu bringen. Denn wenn er darauf besteht, es in diesem Umfang befördern zu lassen, wird das ein recht teurer Spaß für ihn.

Er ist. Also schlagen wir ihm folgende Kürzung vor: „Frau" und „Marion" können fortfallen, denn vermutlich werden nicht noch mehr Lehmanns in demselben Haus wohnen. Die Straßenbezeichnung „Alte Hafengasse" können wir zusammenziehen, obgleich es für die Gebührenberechnung unerheblich ist. Der Bestimmungsort gehört ans Ende der Anschrift. Folglich bleibt davon nur übrig:

Lehmann Altehafengasse 15 Luebecktravemuende

Der Text läßt sich noch mehr straffen. Bei seiner Verlobten hätte ich Herrn Lehmann noch „herzliche Gruesse Dein" zugestanden. Aber jetzt belastet jedes Telegrammwort den Haushaltsetat mit 1,70 DM. Wir dürfen also auch des Verständnisses der sparsamen Ehefrau sicher sein, wenn wir ihrem Mann etwa folgenden Text empfehlen:

erbitte Kamera Holtenau heute 2200 = Heinz

Das ist jetzt nicht einmal mehr die Hälfte der ursprünglichen Fassung. Doch ich wiederhole: Sie dürfen nur beraten. Wer auf seine formulierten Angaben besteht, hat unbedingten Anspruch darauf, daß sie buchstabengetreu übermittelt — und allerdings auch wortzahlgenau bezahlt — werden.

Matrose Lehmann jedoch ist einverstanden. Er schreibt Anschrift, Text und Unterschrift in gekürzter Form auf das Telegrammformblatt.

Der Telegrammkopf ist der amtliche Teil des Telegramms.

Er ist unsere Sache. So sieht er aus.

Seeadler/DFTG	Nr 1	12/10	12	1135 =
(Aufgabeort)	(Lfd. Nr.)	(Wortzahl)	(Datum)	(Uhrzeit)

Die *laufende Nummer* im Telegrammkopf beginnt *täglich mit jeder Küstenfunkstelle neu* mit Nr. 1

Wenn Sie die Seiten von 140 bis 146 durchgelesen und auch noch die Übungsbeispiele berechnet haben, werden Sie leicht in der Lage sein, einen Telegrammkopf richtig auszufüllen. Und nicht nur das. Sie werden dann auch wissen, was wir dem Matrosen Lehmann für sein Telegramm an Gebühren von der Heuer abziehen müssen.

Telegrammübermittlung

Telegramme sind Urkunden!
Sie müssen deshalb sehr gewissenhaft, also buchstabengetreu übermittelt bzw. aufgenommen werden. Auch der simpelste Punkt ist wichtig, zumal er soviel wie ein ganzes Wort kostet.
Hier ein Textbeispiel:
= komme. nicht erst brief abwarten =
Würden Sie den Punkt unterschlagen oder gar falsch hinter „nicht" übermitteln bzw. aufnehmen, gäbe das den gegenteiligen Sinn und später Ärger mit dem Empfänger oder Absender, wenn nicht sogar mit beiden zusammen. Der Schadenersatz könnte recht kostspielig werden.
Nicht zu schnell sprechen!
Schwierige und unbekannte Wörter buchstabieren bzw. wiederholen.
„ . . . ich buchstabiere"
„ . . . ich wiederhole"
Das gilt grundsätzlich für alle Familiennamen. Denken Sie an Meyer/Meier/Maier/Mayer.
Bei Zahlen kündigen Sie bitte an: „in Ziffern".
Die Trennungsstriche zwischen den Telegrammteilen (=) übermittelt man zweckmäßigerweise mit: „es folgt" — die Anschrift/der Text/die Unterschrift.
Telegramme sind Schnellnachrichten.
Sie müssen unverzüglich weiterbefördert werden. Frau Lehmann muß das Telegramm auf jeden Fall noch heute erhalten, damit sie sich rechtzeitig mit der Kamera auf den Weg von Travemünde nach Kiel machen kann.
Folglich müssen wir sogleich erneut Norddeich Radio rufen.
D. h. es muß nicht unbedingt DAN sein. Die Elbe ist nicht nur gut mit UKW-Revierfunkstellen besetzt, die UKW-Küstenfunkstellen für den öffentlichen Dienst der Deutschen Bundespost sind von hier aus gleichfalls gut zu erreichen. Da wir kurz vor Glückstadt sind, kommt für eine UKW-Seefunkverbindung „Elbe-Weser Radio" (Cuxhaven) in Frage. Über eine abgesetzte Station (Kanal 23) am Nord-Ostsee-Kanal reicht sie gleichzeitig besonders tief in die Elbe hinein.
Probieren wir es einmal.

Wie wir bereits schon erwähnt haben, sollen die deutschen UKW-Küsten-funkstellen unmittelbar auf dem (Duplex) Arbeitskanal gerufen werden. Dabei müssen wir folgendes beachten:

Wir dürfen nur rufen, wenn der Träger der Küstenfunkstelle nicht strahlt. Das ist der Fall, wenn wir die Krachsperre am UKW-Gerät ausschalten und ein Rauschen hören.
Sobald wir dann senden, also mit der Taste am Handapparat unseren Träger einschalten, geht automatisch auch der Träger bei der betr. Küsten-funkstelle 'in die Luft'. Unsere kurz ausgeschaltete Krachsperre hat auf Kanal 23 ein unangenehmes Rauschen ertönen lassen. Demnach ist der Arbeitskanal von Elbe-Weser Radio frei, wir können rufen. Hätten wir dagegen kein Rauschen oder gar noch Sprechverkehr auf Kanal 23 gehört, so hätten wir den selbstverständlich auf jeden Fall abwarten müs-sen und den Handapparat solange in der Halterung hängen lassen.
So aber können wir die Verbindung herstellen. Wie schon auf Seite 89 erwähnt, ist im UKW-Betrieb im allgemeinen ein Kurzanruf ausreichend.

> „Elbe-Weser-Radio
> hier ist
> Seeadler Seeadler/DFTG
> ich habe ein Telegramm für sie"
> „Seeadler/DFTG
> hier ist
> Elbe-Weser Radio
> bitte bringen sie ihr Telegramm"

Sie haben das mit den Kopfangaben vervollständigte Lehmann-Tele-gramm vor sich liegen:
> Seeadler/DFTG nr 1   12/10   12   1135 =
> Lehmann Altehafengasse 15 Lübecktravemünde =
> erbitte Kamera Holtenau heute 2200 = Heinz +
und antworten:
> „hier ist Seeadler
> ich beginne
> Seeadler Delta Foxtrott Tango Golf — Nummer eins — zwölf Schräg-strich zehn Wörter — zwölften — elf Uhr fünfunddreißig —
> es folgt die Anschrift
> Lehmann — ich buchstabiere — Lima Echo Hotel Mike Alfa

November November — Altehafengasse — ich wiederhole — Altehafengasse — in einem Wort geschrieben — in Ziffern eins füneff —
Lübecktravemünde —
es folgt der Text
erbitte — Kamera — ich buchstabiere — Kilo Alfa Mike Echo Romeo
Alfa — Holtenau — heute — nächstes Wort in Ziffern — zwo zwo null
null —
es folgt die Unterschrift
Heinz — ich buchstabiere — Hotel Echo India November Zoulou
Ende des Telegramms"

Der Funker auf Elbe-Weser Radio zählt flink die Wörter nach und meldet
sich kurz darauf:
„Seeadler
hier ist
Elbe-Weser Radio
ihr Telegramm Nummer 1 mit 12/10 Wörtern richtig erhalten,
besten Dank, auf Wiederhören"

„danke, auf Wiederhören"

Nun den Übermittlungsvermerk im oberen Telegrammteil ausfüllen und
das Telegramm unter Verschluß weglegen. Fernmeldegeheimnis!
Da wir ein Funktagebuch zu führen gezwungen sind, müssen wir natürlich auch über diesen Verkehr Stichwortangaben machen:

UTC	Frequenz	an	von	Angaben
1140/45	23	Elbe-Weser Radio	DFTG	Tel nr 1 an

Nach ein paar Minuten sind zwei weitere Eintragungen fällig: das Zeitzeichen, das 1 mal täglich genommen werden muß und die Mittagsposition.

UTC	Frequenz	an	von	Angaben
1155/ 1200	2614		DAN	Zeitzeichen, Funkuhr: — 17 Sekunden
1200				Mittagsposition: passieren Glückstadt
1220/25	9	Brunsbüttel Pilot	DFTG	Lotsen angefordert

94

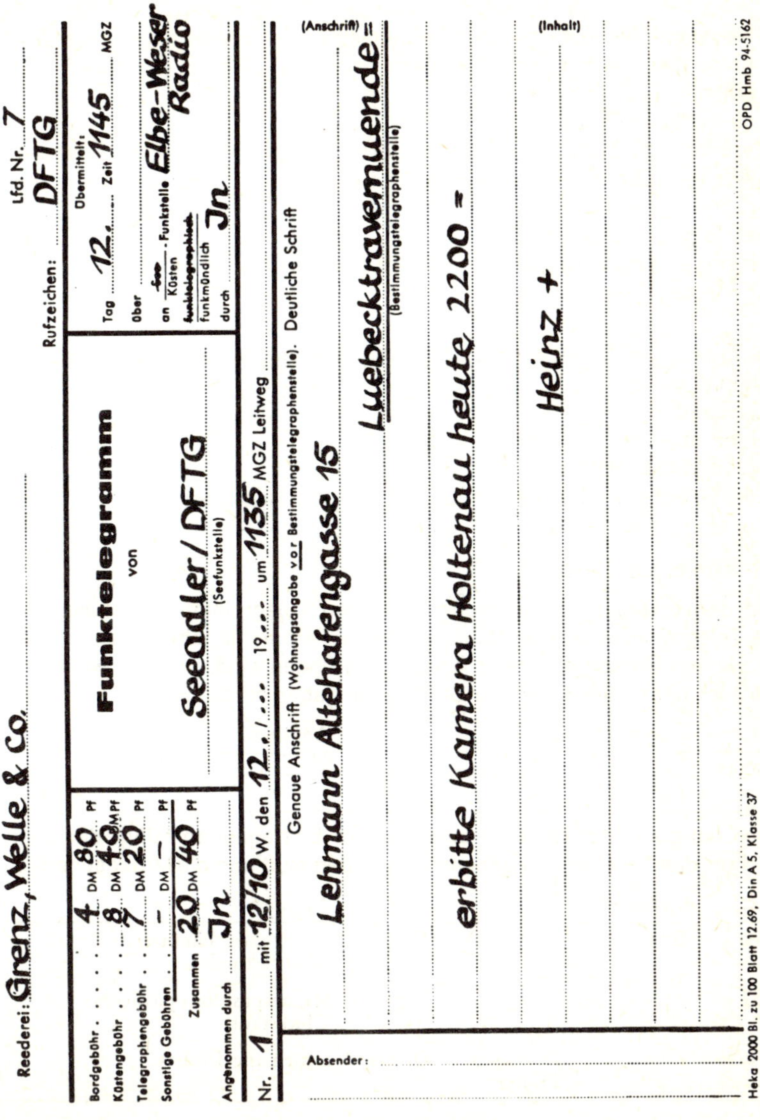

Reederei: **Grenz, Welle & Co.**

lfd. Nr. **7**

Rufzeichen: **DFTG**

Bordgebühr	4	DM	80	Pf
Küstengebühr . . .	8	DM	40	Pf
Telegraphengebühr . .	9	DM	20	Pf
Sonstige Gebühren . .	—	DM	—	Pf
Zusammen	20	DM	40	Pf
		Jn		

Angenommen durch . . . . .

Funktelegramm

von

Seeadler / DFTG

(Seefunkstelle)

Übermittelt:

Tag **12.** Zeit **1145** MGZ

Über .... - Funkstelle **Elbe-Weser Radio**

an Kosten - Funkstelle

funktelegraphisch
funkmündlich
durch **Jn**

Nr. **1** mit **12/10** W. den **12. 1.** 19.... um **1135** MGZ Leitweg

Genaue Anschrift (Wohnungsangabe vor Bestimmungstelegraphenstelle). Deutliche Schrift

(Anschrift)

Lehmann Altehafengasse 15

Luebecktravemuende

(Bestimmungstelegraphenstelle)

(Inhalt)

erbitte Kamera Holtenau heute 2200 =

Heinz +

Absender: ....

Heka 2000 Bl. zu 100 Blatt 12.69, Din A 5, Klasse 37

OPD Hmb 94-5162

Abb. 15

95

Telegrammaufnahme

Kündigt Ihnen die Küstenfunkstelle ein Telegramm an, holen Sie sogleich den Telegrammblock aus der Schublade hervor. Sie wissen doch: ein Telegramm ist eine Urkunde. Und das setzt zunächst unvermeidlich ein Formblatt voraus. Es sollte stets griffbereit liegen.

Vertrauen Sie nicht darauf, daß Sie nur einmal im Jahr zu Ihrem Geburtstag auf hoher See bei besten Empfangsbedingungen ein Telegramm mit dem kinderleichten Text:

Herzliche Glückwünsche = Deine Lieben

erhalten. Es kann auch anders sein.

Oft, sehr oft sogar, stören zischende atmosphärische Entladungen oder Sprachbrocken auf Nachbarfrequenzen die Übermittlung. Bleiben Sie dann eisern! Lassen Sie sich jedes unsicher aufgenommene Wort solange wiederholen, bis Sie es einwandfrei verstanden haben. Der Funker auf der Küstenfunkstelle nimmt Ihnen das nicht übel. Umgekehrt ist er genauso hartnäckig.

Im Sammelanruf um 1245 UTC ist die „Seeadler/DFTG" dabei!

Was mag dort für uns vorliegen? — Ein Telegramm? Ein Gespräch? Oder eine sonstige Mitteilung?

Fragen Sie unverzüglich an, sobald wieder eine Verkehrslücke auftritt.

„Norddeich Radio   Norddeich Radio   Norddeich Radio
hier ist
Seeadler   Seeadler   Seeadler/DFTG
was haben sie für mich vorliegen?"
„Seeadler   Seeadler/DFTG
hier ist
Norddeich Radio   Norddeich Radio
guten Tag, wir haben ein Telegramm für sie, sind sie empfangsbereit?"
„Norddeich Radio
hier ist
Seeadler/DFTG
guten Tag, ja, ich bin empfangsbereit"

Weil Duplex-Verbindung besteht, können jetzt weitere Anrufe entfallen. Norddeich Radio fährt deshalb auch gleich fort:

„Ich beginne
das Telegramm kommt aus

Duesseldorf — Nummer eins — sechsundzwanzig Schrägstrich zwanzig Wörter — von heute, vom zwölften — zwölf Uhr zehn —

es folgt die Anschrift
Ludwig — Kroll — ich buchstabiere Kroll —
Kilo Romeo Oscar Lima Lima —
Seeadler Delta Foxtrott Tango Golf —
Norddeichradio —

es folgt der Text
Klein — ich buchstabiere — Kilo Lima Echo India November —
Auslieferung — verzoegert — stop — als Wort geschrieben —
Schuetz — ich buchstabiere — Sierra Charly Hotel Uniform Echo
Tango Zoulou — Vertrag — die nächsten drei Wörter sind Code-
gruppen, ich buchstabiere — Yankee Whiskey November Lima Quebec
— nächstes Codewort, ich buchstabiere — X-ray Papa Uniform Delta
Romeo — das dritte Codewort, ich buchstabiere — Victor Oscar
Mike Juliett Hotel — nächstes Wort in Ziffern — füneff sechs null null
— nächstes Wort, ich buchstabiere — Delta Mike — ich wiederhole —
Dee Emm wie Demark — Konferenzbeginn — Mittwoch mittag —
Frankfurt — Astoriahotel — als ein Wort — es folgt die Unterschrift
Schmitz — ich buchstabiere — Sierra Charly Hotel Mike India
Tango Zoulou —
Ende des Telegramms
Wenn Sie alles bis zum Schlußkreuz niedergeschrieben haben, zählen
Sie die Wörter nach, ob die Anzahl mit der im Telegrammkopf angegebe-
nen übereinstimmt. Aber bitte nicht dabei die Wörter unterstreichen! Das
macht man nur bei einem Sendetelegramm, um die Wortzahl für die Ge-
bührenberechnung festzustellen.
Und noch etwas:
Geben Sie sich trotz Seeganges auf dem schaukelnden Schiff mit Ihrer
Schrift besondere Mühe. Schließlich soll ja vor allen Dingen der Empfän-
ger das Telegramm lesen können.
Ihre Wortzahl stimmt nicht mit der im Telegrammkopf überein, — Sie haben
ein Wort zuviel? — Nun, da hilft es nichts, Sie müssen diese Differenz
erst klären.
Natürlich nicht, indem Sie die richtige Anzahl durch Zusammenziehen
zweier Ihnen dazu passend erscheinenden Wörter hinjonglieren.
Auch umgekehrt, wenn Sie beispielsweise ein Wort zuwenig zählen

würden, dürfen Sie auf gar keinen Fall nach eigenem Ermessen Wörter trennen, um dadurch die richtige Wortzahl zu erreichen. Es könnte ja durchaus sein, daß Sie ein Wort nicht aufgenommen bzw. überhört haben. Forschen Sie nach.

„Bitte wiederholen sie die Anschrift", wenn Sie meinen, daß dort die Wortdifferenz versteckt sein könnte.

Oder grenzen Sie die Differenz ein mit der Frage: „Wie heißt das 5. und 10. Textwort?" Oder „Wie heißt das Wort nach Konferenzbeginn?"

Na, sehen Sie, — ich dachte es mir schon. Der Absender hat „Mittwochmittag" als ein Wort geschrieben, Sie dagegen erinnerten sich noch an die Besprechung über das Schuldiktat, in der Ihnen der Deutschlehrer klarmachte, daß nach dem Duden ein bestimmter Mittwoch mittag auseinander-, aber der regelmäßige Mittwochmittag zusammengeschrieben wird. Und bei der Mitteilung „Konferenzbeginn Mittwochmittag" ist zweifellos ein ganz bestimmter Mittwoch gemeint. Eigentlich haben Sie also recht; das Wort müßte auseinandergeschrieben werden und damit hätte das Telegramm eigentlich 21 statt 20 tatsächlich niedergeschriebenen Wörtern haben müssen.

Eigentlich. Aber wer ist schon dudenfest. Also lassen wir es dabei. Für die Berechnung der Gebühren spielt es sowieso keine Rolle. Auch wird es Sie wenig schmerzen, denn Herr Schmitz spart dadurch keine Gebühren. Er muß nämlich doch die Gebühr für zwei Wörter bezahlen. Hier hilft auch keine Ausgabe eines Dudens weiter, denn im internationalen Telegrafendienst gelten andere Regeln. Wenn so ein Telegramm beispielsweise innerhalb der Bundesrepublik versendet wird, interessiert die Rechtschreibung — der alte Herr Duden möge es mir verzeihen — nicht ein bißchen. Hier kommt es nur darauf an, daß der Absender Schmitz das Telegramm möglichst so formuliert, daß der Empfänger Kroll versteht, was gemeint ist. Und niemand wird es ihm verübeln, wenn er Wörter — wie es so schön heißt — sprachwidrig zusammenzieht, nur um Gebühren zu sparen. Denn die Telegrafenregeln besagen, daß jedes Telegrammwort bis zu 10 Schriftzeichen als ein Gebührenwort gezählt werden. Enthält ein Wort 11 Schriftzeichen, so wird es als Doppelwort bezeichnet und kostet dann doppelte Gebühr. Der berühmte „Donaudampfschiffahrtsgesellschaftskapitaen" kostet mit seinen 42 Buchstaben sogar die 5fache Gebühr.

Doch wollen wir uns über die Telegrammwortzählung und -berechnung noch an anderer Stelle ausführlicher unterhalten. Es wird jetzt wirklich

Reederei: **Grenz Welle & Co.**

Lfd. Nr.: **4**

Seefunkstelle: **Seeadler**

aus **Duesseldorf** Nr. **1** w. **26/20** vom **12.**

Rufzeichen: **DFTG**

um **1210** MGZ.

Funktelegramm

Aufgenommen:

Tag: **12.** Zeit: **12.55** MGZ

von: **DAN**

durch: **Jn.**

Ludwig Kroll
Seeadler / DFTG
Norddeichradio

Klein Auslieferung verzoegert stop Schuetz Vertrag
YWNLQ XPUDR YOMJH 5600 DM
Konferenzbeginn Mittwochmittag
Frankfurt Astoriahotel =

Schmitz +

Für dienstliche Rückfragen

NSdr Hmb Pl.-Nr. 246 1000 á 100 Blatt

OPD Hmb 571 (FuA) DIN A 5 (Kl. I

Abb. 16

höchste Zeit, Norddeich Radio das nunmehr richtig aufgenommene Telegramm zu bestätigen. Denn solange Sie nicht gesagt haben:

„Telegramm nr. 1 mit 26 Schrägstrich 20 Wörtern richtig erhalten"

gilt das Telegramm noch nicht als übermittelt.

Und auch das müssen Sie beachten, wenn Sie später als Sprechfunkzeugnisinhaber selbständig ein Telegramm aufgenommen haben: Sender abschalten und „kalt" auf 2182 abstimmen. Dann nehmen Sie wieder den Kugelschreiber in die Hand und füllen oben auf dem Telegrammformblatt den Aufnahmevermerk mit Datum, Uhrzeit und Namenszeichen aus. Erst dadurch erhält das Telegramm seinen Urkundenwert!

Nun noch den Eintrag in das Funktagebuch, der in unserem Beispiel lautet:

UTC	Frequenz	an	von	Angaben
1245	2614		DAN	Sammelanruf mit DFTG
1248/55	2023	DAN	DFTG	Tel nr. 1 abgefordert

Danach händigen Sie das Telegramm

    Duesseldorf nr 1   26/20   12   1210 =

    Ludwig Kroll Seeadler/DFTG Norddeichradio =

    Klein Auslieferung verzoegert stop Schuetz Vertrag

    YWNLQ XPUDR VOMJH 5600 DM Konferenzbeginn Mittwochmittag

    Frankfurt Astoriahotel =

                                                     Schmitz +

unverzüglich dem Empfänger aus. Persönlich.

Wegen des Fernmeldegeheimnisses.

Unzustellbarkeitsmeldung

Kann ein Telegramm nicht zugestellt werden, z. B. wenn der Empfänger gar nicht mehr an Bord ist, müssen Sie die Küstenfunkstelle sogleich durch einen „Dienstspruch" davon verständigen. Diese leitet die Unzustellbarkeitsmeldung zum Absender.

Desgleichen erhält die Seefunkstelle eine Unzustellbarkeitsmeldung, wenn beispielsweise der Empfänger an Land mit unbekanntem Ziel verreist ist. Der Funker gibt diese Meldung an den Telegrammauflieferer weiter.

Wegen der an sich vollbrachten Übermittlungsleistung hat der Telegrammauflieferer keinen Anspruch auf Rückerstattung der Gebühren.

Wenn eine Küstenfunkstelle ein Telegramm nicht übermitteln konnte, weil es keine Verbindung mit dem Schiff bekommen hat, erhält der Tele-

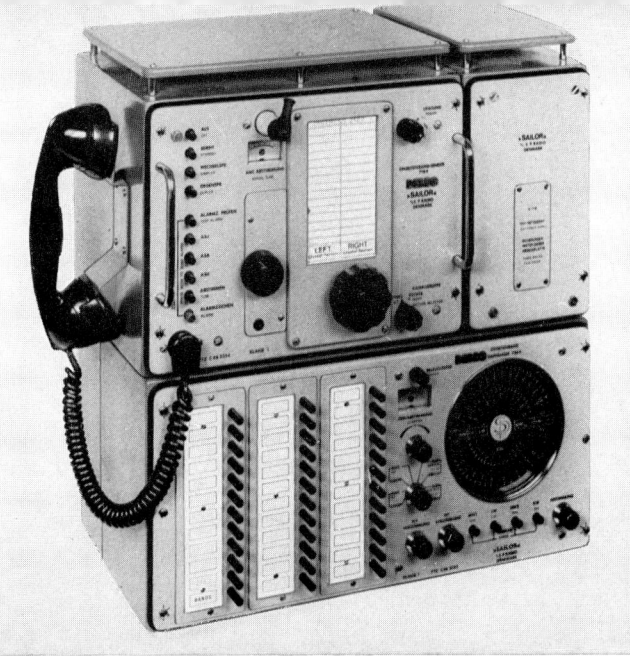

Foto oben: SSB-GW/KW-Funktelefon (Debeg 7184, 7284)

Foto unten: SSB-GW-Funktelefon (Hagenuk FT 501)

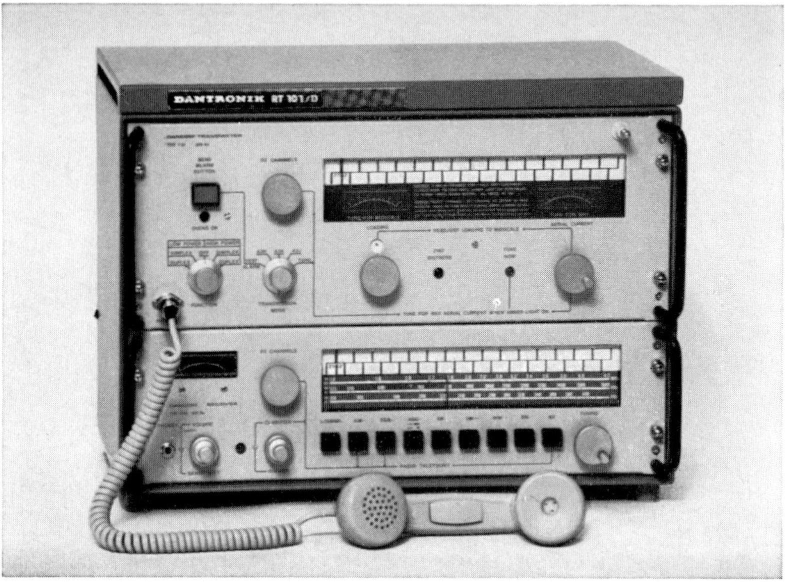

Foto oben: SSB-GW-Funktelefon (Dantronik RT 101/D)

Foto unten: Selektivrufdecoder (Dantronik SEFA 5A)

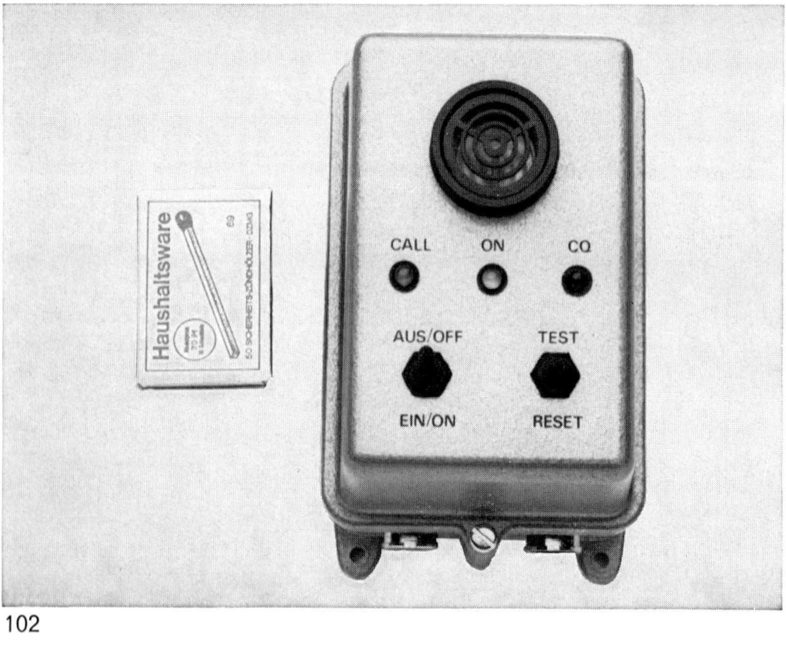

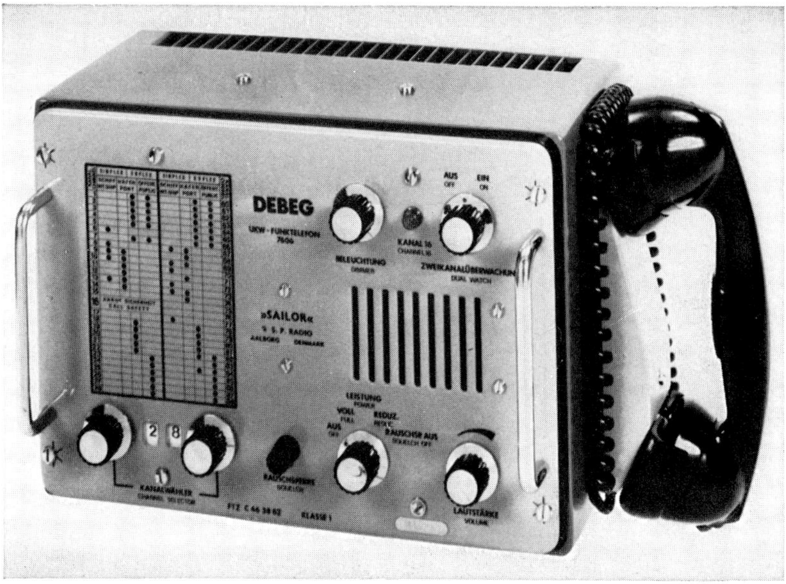

Debeg-57-Kanal UKW-Seefunkanlage

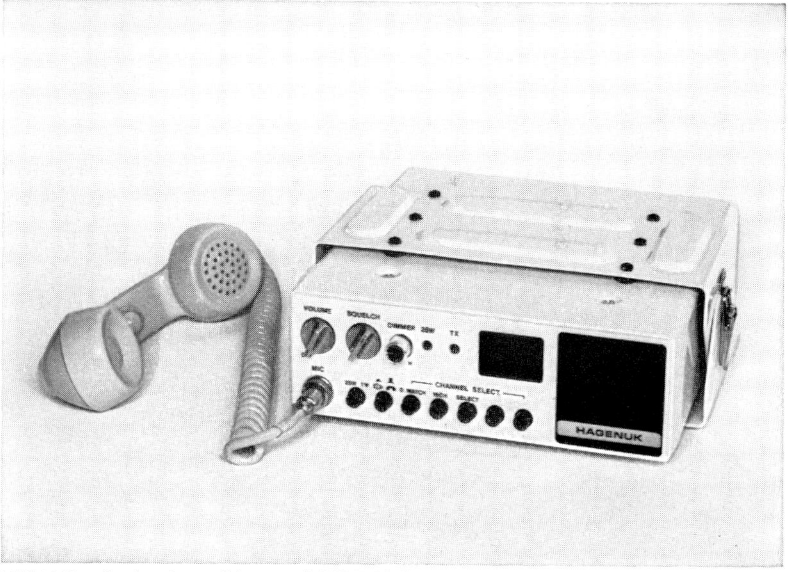

UKW-Seefunkanlage (Hagenuk USE 197)

UKW-Seefunkanlage (Dantronik RT 403 B/D)

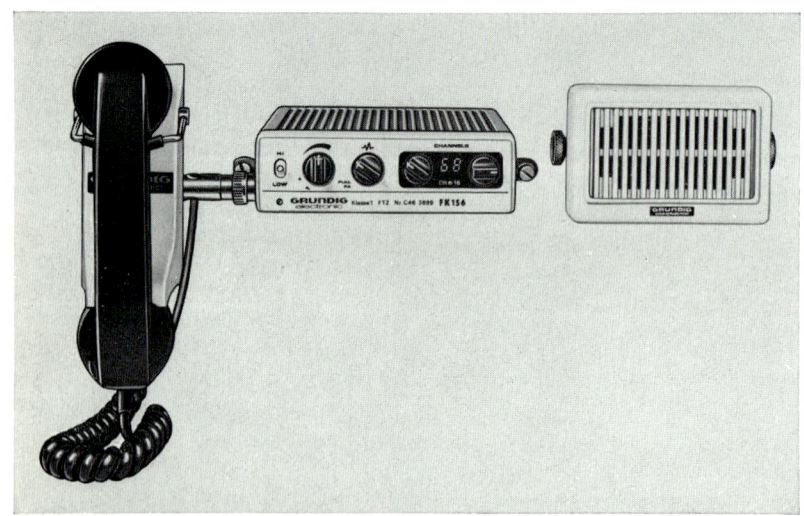

UKW-Seefunkanlage (Grundig FK 156)

grammauflieferer nach einigen Tagen gleichfalls eine Unzustellbarkeitsmeldung. Während die Bundespost früher die Gebühren für die nicht vollbrachten Leistungen, also die Küsten- und Bordgebühren, erstattete, rückt
sie jetzt lediglich die Bordgebühr wieder heraus. Und auch dann nur auf
Antrag des Absenders.

Seefunkgespräche

Matrose Lehmann hatte sich zu einem Telegramm entschlossen, weil kein
Telefon im Hause war. Sonst hätte er vermutlich angerufen, denn das
wäre viel billiger geworden.
Rechnen Sie bitte einmal mit:
Ein Inlands-Funktelegramm kostet pro Wort 1,70 DM. Ein Dreiminuten-
Seefunkgespräch (Mindestgebühr) auf Grenzwelle — gleichgültig, wohin
in Deutschland — 13,50 DM.
Für den Preis von nicht einmal 8 Telegrammwörtern können Sie also ein
3 Minuten langes Seefunkgespräch führen und erhalten zugleich auf Ihre
Fragen sofortige Antwort. UKW-Gespräche sind sogar noch billiger.
Auch ist ein Funkgespräch wesentlich einfacher zu führen als ein Tele-
gramm zu übermitteln. Kein Wunder deshalb, wenn im Sprechfunkdienst
die Statistik weitaus mehr Seefunkgespräche als Funktelegramme aufweist.

Gesprächsanmeldung und -abwicklung

Um 1315 UTC sind wir in Brunsbüttel eingelaufen und inzwischen in den
Nord-Ostsee-Kanal eingeschleust worden. Langsam entschwinden die
großen Öltanks unseren Augen.
Der NOK ist eine internationale Seewasserstraße. Folglich gibt es dort
kein Sendeverbot.
Glück für unseren Maschinisten, der hastig hereintritt und unbedingt
telefonieren möchte. D. h. so glücklich schaut er gar nicht aus. Im Gegenteil, er ist aufgeregt und ärgerlich. In der Hand hält er ein kleines Käst-
chen mit einem komplizierten Ersatzteil. Es kam vorhin in der Schleuse
in letzter Minute an Bord.
Es ist das falsche.

„Bitte sofort Hamburg, die Murx-Fabrik, die Nummer steht hier auf
dem Lieferschein, — denen werde ich was erzählen! —"

Es wäre zwar billiger, dieses Gespräch über UKW zu führen. Wegen der diesigen Sicht und wegen des starken Schiffsverkehrs will der Kapitän aber die UKW-Anlage für den Lotsen freihalten, damit dieser jederzeit mit den Stationen des Revierfunkdienstes im Kanal sprechen kann.

Wir wollen daher noch einmal Norddeich Radio auf GW rufen. Bei dieser Gelegenheit können wir uns dort gleich mit einem weiteren TR abmelden. Die Gebietszuständigkeit der Küstenfunkstellen ist für den NOK nicht genau festgelegt. Ungefähr ab Rendsburg ist die Verbindung mit Kiel Radio aber auf jeden Fall besser als mit DAN.

Beachten Sie zunächst wieder die „goldene Funkerregel": Erst hören dann senden! Also eine Verkehrspause abwarten und dann rufen. — Kennen Sie noch die Frequenzen?

Bereiten Sie noch schnell den Gesprächszettel vor. Er ist später als Abrechnungsbeleg wichtig.

Nun können Sie rufen:

   „Norddeich Radio   Norddeich Radio   Norddeich Radio
   hier ist
   Seeadler   Seeadler   Seeadler/DFTG
   ich habe ein Gespräch und ein TR für sie"

   „Seeadler   Seeadler
   hier ist
   Norddeich Radio   Norddeich Radio
   guten Tag, wohin möchten sie sprechen?"

   „Norddeich Radio
   hier ist
   Seeadler/DFTG
   bitte Hamburg neun drei vier sieben eins eins"
   (nicht: dreiundneunzig siebenundvierzig elf)

   „danke, verstanden. Können sie auf Kanal 2 oder 3 kommen?
   Ich habe hier noch 3 Gespräche vor ihnen abzuwickeln."

   „Ja, ich kann auf Kanal 2 senden"

   „Gut, dann warten sie dort bitte. Ich gebe ihre Anmeldung weiter.
   Meine Kollegin wird sie auf Kanal 2 aufrufen"

   „Danke" —

Nun drehen Sie die Empfängerabstimmung auf Norddeich Radios 2. Kanal. Welche Frequenz? — Schnell einen Blick aufs Merkblatt unter II.: 2800 kHz.

Den Sender stimmen Sie — zunächst nur „kalt", d. h. ohne die Sprechtaste zu drücken — auf 2153 kHz ab. Zweckmäßigerweise schalten Sie auf „Vorheizen/stand by" zurück. Das spart Strom und schützt auf jeden Fall vor unbeabsichtigter Senderstrahlung.

Auch wenn der Maschinist noch so ungeduldig von einem Fuß auf den anderen tritt, es nützt nichts, er muß warten, bis DAN uns aufruft. Es kann gut und gerne sein, daß auch hier noch mehrere Gespräche mit anderen Seefunkstellen vor uns ausgeführt werden. Es geht alles der Reihe nach. *Kollegin* hatte der DAN-Funker gesagt. Auch im Seefunkdienst herrscht halt die Gleichberechtigung. Die Verkehrsabwicklung auf den 2. und weiteren Kanälen ist sowohl bei Norddeich als auch bei Kiel Radio vorwiegend der höheren Stimmlage vorbehalten. Also noch ein Grund mehr, um sich an Bord nicht nur auf die Sendequarze der vielfach überlasteten 1. Kanäle zu beschränken . . .

Und da zwitschert es auch schon auf 2800:

„Seeadler   Seeadler/DFTG
hier ist
Norddeich Radio   Norddeich Radio
hier kommt ihre Anmeldung Hamburg, — bitte melden!"

Sofort den Schalter auf „Senden" und dann die Sprechtaste drücken. Achten Sie auf den Antennenstrom, ob er den entsprechenden Wert anzeigt und im Sprachrhythmus vibriert, wenn Sie jetzt antworten:

„Norddeich Radio
hier ist
Seeadler/DFTG
ich bin sprechbereit"

Dann übergeben Sie den Handapparat an den Maschinisten, damit er seinem berechtigten Groll Luft machen und vielleicht doch noch das richtige Ersatzteil nach Holtenau liefern lassen kann.

Doch das interessiert hier nicht weiter. Wenn wir auch in unmittelbarer Nähe bleiben, um bei auftretenden Verständigungsschwierigkeiten sofort eingreifen zu können, der Gesprächsinhalt fällt — das wissen Sie schon — unter das Fernmeldegeheimnis.

Unser Maschinist ist am Ende. Mit dem Gespräch.

Übernehmen Sie jetzt wieder den Handapparat. Für das Weitere, was Norddeich Radio zu sagen hat, sind Sie zuständig:

„. . . das war von 8 bis 12, vier Minuten"
„Danke, verstanden, — ich habe noch ein TR: Wir sind im Nord-Ost-

see-Kanal bei Kudensee auf der Fahrt nach Kopenhagen, ich melde mich hiermit bei ihnen ab, auf Wiederhören"
„Besten Dank, weiterhin gute Fahrt, auf Wiederhören"

Funktagebuch:

UTC	Frequenz	an	von	Angaben
1400	2023/ 2614	DAN	DFTG	1 Tfn, DAN bittet auf 2. Kanal
1408	2153/ 2800	DAN	DFTG	Gespr. Hmb, 4 Min., — TR: NOK, passieren Kudensee, Abmeldung

Hörbereitschaft auf Küstenfunkstellenfrequenzen

Damit haben wir die Verkehrsbeziehungen zu Norddeich Radio abgebrochen. Jetzt ist Kiel Radio zuständig. Sollte noch etwas bei DAN für uns eingehen, wird das Telegramm oder das Gespräch nach DAO umgeleitet.
Kiel Radios Hauptarbeitsfrequenz ist 2775 kHz. Stimmen Sie sie bitte ab.
Funktagebuch:

UTC	Frequenz	an	von	Angaben
1600	2775		DAO	beobachte

Der Empfang ist im Mittelteil des NOK nicht so besonders. Das kommt von den hohen Geestufern. „Stellen" Sie die Station im Empfänger ein. Üben Sie das immer wieder! Selbst, wenn Sie einen Empfänger haben sollten, der Ihnen den Komfort bietet, mit Tastendruck fest abgestimmte Empfangsfrequenzen einschalten zu können.
Wir wollen den nächsten Sammelanruf abhören.
Es läuft noch ein Gespräch. — Nein, es wird nicht unterbrochen. Der Sammelanruf folgt anschließend.
Sie erkennen gerade hierbei wieder die große Bedeutung des Fernmeldegeheimnisses. Zum Sammelanruf schalten sich besonders viele Seefunkstellen auf die betreffende Küstenstation ein. Aber das noch nicht beendete Funkgespräch hat niemanden der zahlreichen Zuhörer zu interessieren und darf von keinem verwertet werden. Vergessen Sie das nie!
Endlich ist das Gespräch beendet.

Reederei: **Grenz, Welle & Co.**

Seefunkstelle: **Seeadler / DFTG**

Gesprächszettel

~~Land — Schiff~~
F u n k gespräch Schiff – Land am **12.** mit _____
~~Schiff — Schiff~~

Name bzw. Ortsnetz und Rufnummer des Teilnehmers _____

_____ **Hamburg 93 47 11** _____

angemeldet um **1355** MGZ; weitergemeldet um **1400** MGZ

ausgeführt von **1408** bis **1412** MGZ.

Zur Anrechnung gekommene Gesprächsdauer . . . . . . **4** Minuten

G e b ü h r e n : Bordgebühr . . . . **6** DM **—** Pf

Küsten- und Fernsprechgebühr . . . . . . **12** DM **—** Pf

Gebühren für besondere Leistungen. . . . _____ DM _____ Pf

Zusammen **18** DM **—** Pf

Ausgeführt durch:

_____ **Jn** _____

A n m e r k u n g : Bei Gesprächen Land-Schiff ist unter Gebühren nur der Betrag für die Bordgebühr einzutragen.

HeKa 2000 Bl. zu 100 Blatt 12.69
DIN A5, Klasse 37

OPD Hmb 94-5161

Abb. 17

Funktagebuch:

UTC	Frequenz	an	von	Angaben
1628	2775		DAO	Sammelanruf ohne Seeadler

Wir bleiben weiterhin auf Empfang. Dann können wir auch zwischen den Sammelanrufen von der Küstenfunkstelle erreicht werden. Denn sobald eine Gesprächsanmeldung oder ein Telegramm von Land nach See bei der Küstenfunkstation eingeht, ruft sie die Seefunkstelle sofort auf der Hauptarbeitsfrequenz. Sie wartet damit nicht erst bis zum nächsten Sammelanruf.

Da die für ein sprechfunkausrüstungspflichtiges Schiff vorgeschriebene Dauer-Hörbereitschaft auf 2182 kHz so gut wie ausschließlich mit dem Sicherheits-/Wachempfänger auf der Brücke wahrgenommen wird, ist es zweckmäßig, mit dem Hauptempfänger die zuständige Küstenfunkstelle abzuhören.

Seien Sie aber nicht verwundert, wenn Sie sehr oft trotz kurzer Distanz zur Küstenfunkstelle nichts im Empfänger wahrnehmen. Auch das hat nämlich Genf 1974 — leider — hervorgebracht: in den Verkehrspausen soll ein Sender nicht mehr strahlen. Man erwartet davon verminderte Störungen.

Das ist eine unangenehme Regelung für diejenigen Seefunkstellen, die einen durchstimmbaren Empfänger haben, denn hier weiß man nie genau, ob der Skalenzeiger und damit die Abstimmung auf der richtigen Frequenz liegt. Denn „einpfeifen" kann man ja trotz eingeschaltetem BFO nicht: es fehlt die zweite (Empfangs-) Frequenz, mit der er sich vermischen kann.

Müssen Sie unter solchen Verhältnissen anrufen, fügen Sie zweckmäßigerweise hinzu: „Bitte senden Sie Abstimmzeichen." Es antwortet Ihnen der Küstenfunker dann etwas ausgedehnter und wundert sich auch nicht, wenn Sie ihn nicht gleich hören.

Sicherlich ist derartiger Anrufverkehr für den Funker umständlicher, aber man muß dazu wissen, daß diese Regelung — wie auch oben schon gesagt wurde — eingeführt worden ist, um gegenseitige Störungen zu vermeiden. Gegenseitige Störungen treten aber meistens dadurch auf, weil im GW-Bereich Frequenzmangel besteht. Diesem Mangel versucht man durch betriebliche und technische Neuerungen (z. B. Einseitenbandverfahren) zu begegnen. Übrigens — ab 1982 wird es wegen der Einführung des Einseitenbandverfahrens nicht mehr möglich sein, den Empfänger auf den Träger einzupfeifen (lesen Sie bitte die Erläuterungen auf Seite 171).

Doch hier ein kleiner Trost: die beiden bundesdeutschen Küstenfunkstellen senden einige Minuten vor den festen Sendezeiten im Grenzwellenband (Sammelanrufe, Wetterberichte usw.) weckerartige Abstimmsignale mit eingestreutem Namen. Und wer über einen gerasteten bzw. gequarzten Empfänger verfügt, braucht sich mit dem vorstehenden Problem ohnehin nicht weiter auseinandersetzen.

Besondere Funkdienste

Sie wissen es bereits:
Zu den vielfältigen Aufgaben der Küstenfunkstellen als Nachrichtenbrücke zwischen Schiff und Festland gehören vor allem Wetterberichte, Eisberichte, Zeitzeichen, Wetterwarnungen, nautische Warnnachrichten, einseitigen Sprechfunkverkehr zu verbreiten sowie funkärztliche Ratschläge zu vermitteln. Auch Peilungen zählen dazu, sind aber nicht überall möglich.

Diese verschiedenartigen Aussendungen bzw. Tätigkeiten sind unter dem Begriff „Besondere Funkdienste" zusammengefaßt. Dem Anlaß nach werden die einzelnen Dienste teils zu regelmäßigen Zeiten, teils zu unregelmäßigen Bedarfszeiten durchgeführt.
Wir wollen während der Kanalfahrt weiterhin bei Kiel Radio auf Empfang bleiben. Irgend etwas ist mit dem Wetter los. Es scheint sich zu verschlechtern.
Und da haben wir auch schon die Bescherung:

    Sécurité   Sécurité   Sécurité
    an alle Funkstellen   an alle Funkstellen   an alle Funkstellen
    hier ist
    Kiel Radio   Kiel Radio   Kiel Radio
    mit einer Sturmwarnung von heute 1615 Uhr UTC
    Skagerrak, Kattegat und westliche Ostsee
    Gefahr West bis Nordwest 7 bis 8, in Böen 9 bis 10,
    später rechtdrehend —
    ich wiederhole . . ."

Funktagebuch:

UTC	Frequenz	an	von	Angaben
1640	2775		DAO	Sturmwarnung 121615

Das vorweggegebene Zeichen 3 mal „Sécurité" sollte also signalisieren: Achtung, es kommt jetzt eine für die Schiffssicherheit wichtige Meldung! Offiziell heißt es deshalb auch „Sicherheitszeichen". Es geht nicht nur allen meteorologischen, sondern auch den nautischen Warnungen voraus.

Auf Seite 70 haben Sie ferner erfahren, daß bei der Ankündigung von „Vitalen nautischen Warnnachrichten" dem dreimaligen „Sécurité" der unterbrochene obere Ton des Alarmzeichens (2200 Hz) 15 Sekunden lang vorangeht.

Von den regelmäßigen Sonderdiensten interessiert fraglos der Wetterbericht am meisten. Er ist von unseren beiden Grenzwellen-Sprechfunk-Küstenfunkstellen täglich je zweimal zu hören:

Norddeich Radio	Kiel Radio
2614 kHz	2775 kHz
0810 und 2010 UTC	0740 und 1940 UTC

Die Sendezeiten der übrigen festen Sonderdienste entnehmen Sie bitte wieder Merkblatt auf Seite 59.

Da wir gegen Mitternacht Holtenau passieren, ist der Wetterbericht von Kiel Radio um 1940 UTC besonders wichtig.

Funktagebuch:

UTC	Frequenz	an	von	Angaben
1940/ 1952	2775		DAO	Wetterbericht

Die Wetterfrösche haben uns alles andere als angenehme Wetterbedingungen für die nächsten 12 Stunden prophezeit. — Aber was kann man auch schon von einem Freitag, dem 13. erwarten . . .

Doch bevor Sie sich entschließen, Ihre Sachen zu packen, um Hals über Kopf in Holtenau von Bord zu gehen, können wir Sie beruhigen: es wird keine harte, gefährliche Nachtfahrt geben! Denn bei aller Liebe zu möglichst praxisnahen Beispielen möchten wir es Ihnen natürlich nicht zumuten, daß Sie mit der „Seeadler" in einen echten Seenotfall hineinmanövriert werden. Wir bleiben die Nacht über in der schützenden Kieler Förde und wollen morgen — entschuldigen Sie den etwas paradoxen Vergleich — einen Seenotfall in einem Sandkastenspiel üben.

Sie freuen sich übrigens über diesen unerwarteten Aufenthalt nicht allein. — Matrose Lehmann, dessen Frau schon eine zeitlang mit der Kamera im Seemannsfrauenheim gewartet hat, ist nicht minder glücklich darüber.

Funktagebuch:

UTC	Frequenz	an	von	Angaben
2230	2146	DAO	DFTG	TR: von Hamburg nach Kopenhagen, QTP Holtenau
2245				Einlaufen Schleuse Holtenau, unterbrechen Weiterreise wegen Sturm, Wachempfänger ausgeschaltet

Seenotverkehr

Er ist der wichtigste Teil des Seefunkdienstes und kommt in der Prüfung so sicher wie das Amen in der Kirche. Darum meine herzliche Bitte: Beschäftigen Sie sich mit diesen Verkehrsregeln ganz besonders intensiv. Lernen Sie sie so gut, daß Sie sie im Schlaf beherrschen.
Aber nicht allein wegen der Prüfung. Wegen der entscheidenden Bedeutung dieser Regeln für Ihr Leben und das Ihrer Besatzung!

Allgemeines

Was das „SOS" für die Morsetelegrafie, ist „Mayday" (gesprochen: mäidee) für den Sprechfunkdienst: das internationale Notsignal, das auf eine ernste, unmittelbare Gefahr für Besatzung und Fahrzeug hinweist und sofortige Hilfe veranlassen soll.
Einen Seenotruf zu verbreiten, darf nur der Kapitän anordnen.
Seenotverkehr hat absoluten Vorrang vor jedem anderen Verkehr. Er ist kostenlos.
Das vorangehende Alarmzeichen und der Notanruf mit der anschließenden Notmeldung werden auf 2182 am wirkungsvollsten während der Seenotpausen (00.—03. oder 30.—33. Minute) verbreitet bzw. wiederholt.
Seenotverkehr wird im Grenzwellenbereich auf 2182 kHz und im UKW-Seefunkband auf Kanal 16 im Simplexverkehr (Wechselsprechen) abgewickelt. Es darf aber auch jede andere Frequenz benutzt werden, wenn damit wirksamere Hilfe erreicht werden kann.
Sogar im Kurzwellenbereich sind für Not- und Sicherheitszwecke zwei internationale Frequenzen verfügbar: 4125,0 und 6215,5 kHz.
Insbesondere in Seenotfällen können auch Flugzeuge und Hubschrauber am Seefunkverkehr teilnehmen. Sie erkennen einen „fliegenden Ver-

kehrsteilnehmer" am zumeist fünfstelligen Rufzeichen. Ferner gibt es einige spezielle Frequenzen für koordinierte Such- und Rettungsaktionen (3023,5 und 5680 kHz, 211,5 und 123,1 MHz sowie die Kanäle 6, 10, 67 und 73 im UKW-Seefunkband, — jedoch brauchen Sie sich diese keineswegs zu merken.)

Bis zur Beendigung des Notverkehrs muß auf 2182 jeder andere Verkehr ruhen! Lediglich eine anderweitige Dringlichkeitsmeldung (Pan-Pan) kann in einer Verkehrspause mit Hinweis auf die Sendefrequenz kurz auf 2182 angekündigt werden (siehe Dringlichkeitsverkehr).

Wer einen Notverkehr hört, muß diesen auch dann verfolgen, wenn er selbst nicht eingreifen kann oder braucht. Besteht jedoch Gewißheit, daß Hilfe sichergestellt ist und der Funkverkehr reibungslos abläuft, kann die Beobachtung eingestellt werden.

Die Leitung des Notverkehrs obliegt im allgemeinen dem Havaristen oder der für diesen Seebereich zuständigen Küstenfunkstelle.

Um nach einer Schiffskatastrophe die Rettungsarbeiten zu erleichtern, sind sogenannte Seenotbojen entwickelt worden und unter bestimmten Voraussetzungen sogar vorgeschrieben (siehe SSV).

Auch wenn 2182 mit Seenotverkehr blockiert ist, besteht die Möglichkeit, mit ausländischen Küstenfunkstellen in Verbindung zu treten. Viele Küstenfunkstellen stehen während des Notverkehrs zusätzlich auf 2049 kHz auf Empfang und beantworten derartige Anrufe von Seefunkstellen dann auf ihrer Arbeitsfrequenz.

Die nachfolgenden Erläuterungen und das Übungsbeispiel beziehen sich auf 2182 kHz.

Notanruf und Notmeldung

Notanruf: 1. Automatisches Alarmzeichen 30—60 Sekunden
2. „Mayday Mayday Mayday"
3. hier ist (oder „de", gesprochen: Delta Ecko).
4. Dreimal Schiffsname einschließlich Rufzeichen

Notmeldung: (unmittelbar folgend):
1. Mayday (nur 1x!)
2. Schiffsname einschließlich Rufzeichen
(nur 1x! Ohne „Hier ist")
3. Position
(sie ist von allen Angaben die wichtigste und sollte daher möglichst wiederholt werden)
4. Art des Notfalls

5. Art der erbetenen Hilfe
6. Zweimal je 10—15 Sekunden lang Träger einschalten (damit das Schiff gepeilt werden kann)
7. Schiffsname einschließlich Rufzeichen
(1x ohne „Mayday" davor)
8. Auf Empfang gehen — „over"

Bestätigen einer Notmeldung

Der Empfang einer Notmeldung ist grundsätzlich zu bestätigen. Wer jedoch so weit von dem Havaristen entfernt ist, daß er selbst keine Hilfe
leisten kann, braucht den Empfang nur zu bestätigen, wenn dies von
keiner anderen Funkstelle erfolgt. In diesem Fall muß man sogar darüber
hinaus für die weitere Verbreitung der Notmeldung sorgen.

Wenn eine Küstenfunkstelle eine Notmeldung verbreitet, darf sie nur be-
stätigt werden, wenn der Kapitän sich zur Hilfeleistung entschlossen hat.
Der Bestätigung geht einmal das Wort „Mayday" sowie ein gewöhnlicher
Anruf voraus:

Mayday

dreimal Name des Schiffes und einmal Rufzeichen, das die Notmeldung abgegeben hat — „hier ist"

dreimal eigener Schiffsname und einmal Rufzeichen, sodann die beiden Wörter „erhalten Mayday" und „over"

Bei Sprachschwierigkeiten, wenn z. B. einem ausländischen Schiff die
Notmeldung bestätigt werden soll, wird das Wort „erhalten" durch dreimal „Romeo" übersetzt. (Romeo laut Buchstabiertafel = R).

*Weitergabe einer Notmeldung durch eine Funkstelle, die sich nicht selbst
in Seenot befindet*

Im allgemeinen werden die Notmeldungen stets von der „bereichszu-
ständigen" Küstenfunkstelle sofort mit ihren starken Sendern auf allen
zur Verfügung stehenden Arbeitsfrequenzen einschließlich auf Telegrafie
und UKW wiederholt bzw. weitergegeben.

Bei Explosionen an Bord oder bei grober See kann jedoch schon mal die
Sendeantenne brechen. Die Notmeldung wird in dem Fall vermutlich nur
in einem sehr begrenzten Radius zu hören sein und nicht immer eine Küstenfunkstelle erreichen.

Wer dann auf einer Seefunkstelle die Notmeldung aufnimmt und feststellt, daß sie nicht genügend verbreitet oder bestätigt worden ist, muß sie umgehend weiterleiten.

Diese Weitergabe — gleichgültig ob von einer Küsten- oder Seefunkstelle — ist mit einer „Relais-Station" vergleichbar. Daher wird der international sehr geläufige Begriff „Relais" auch zur Kennzeichnung von Seenot-Weitergabemeldungen verwendet.

1. Alarmzeichen ca. 30—60 Sekunden
2. Mayday Relay   Mayday Relay   Mayday Relay
   (mäi-dee reläh)
3. hier ist
4. dreimal Schiffsname und einmal Rufzeichen bzw.
   dreimal Name der Küstenfunkstelle
5. Notmeldung verbreiten.

Wenn eine Küstenfunkstelle „Mayday Relay" verbreiten will, ist das bereits daran zu erkennen, daß dem Alarmzeichen ein 10 Sekunden langer Dauerton von 1300 Hz folgt.

Die Weitergabe einer Notmeldung kann auch auf Grund einer optischen Beobachtung notwendig werden.

Notverkehrsabwicklung

Jede weitere Übermittlung innerhalb des Notverkehrs wird stets mit „Mayday" eingeleitet. Dadurch werden Funkstellen, die aus verschiedenen Gründen von dem Seenotverkehr noch keine Kenntnis erhalten haben und beabsichtigen — erst hören, dann senden! — auf 2182 zu rufen, auf das z. Zt. bestehende Sendeverbot hingewiesen.

Wird der Seenotverkehr trotzdem von einer anderen Station gestört, so muß ihr Funkstille geboten werden.

Diese Aufforderung lautet von dem *selbst in Not befindlichen Schiff* bzw. von der *Leitfunkstelle*.

Anruf — es genügt ein Kurzanruf, je Schiffsname einmal — dann
„*Silence Mayday*" (französisch gesprochen: ßilaanß mäi-dee)

Von anderen Schiffen, die am Notverkehr teilnehmen oder ihn verfolgen, lautet die Aufforderung

Anruf (Kurzanruf) dann
„*Silence détresse*" (französisch gesprochen: ßilaanß dehtress)

Beenden des Notverkehrs

Damit 2182 kHz wieder für den allgemeinen Anrufverkehr zur Verfügung stehen kann, ist das Ende des Notverkehrs durch eine entsprechende Meldung zu verbreiten.

1. Mayday (einmal)
2. An alle Funkstellen an alle Funkstellen an alle Funkstellen
   oder dreimal „CQ" (gesprochen laut Buchstabiertabelle
   „Charly Quebec")
   hier ist
3. dreimal Name des Schiffes, das diese Meldung aussendet
   (und einmal Rufzeichen)
4. Aufgabeuhrzeit dieser Beendigungsmeldung
5. Name des Schiffes (mit Rufzeichen), das in Not war
6. „Silence fini" (französisch gesprochen: ßilaanß fini), over and out

Wenn die absolute Funkstille schon vor dem Ende des Notverkehrs nicht mehr erforderlich ist, darf sie lt. Genf 1974 bereits vorher mit Vorbehalt aufgehoben werden. Eine solche Meldung lautet:

1.—5. wie vorstehend
6. „Prudence" (französisch gesprochen: prüdaanß), over

Und nun zu unserem Übungsbeispiel:

Wir wollen vor gut einer Stunde aus Holtenau ausgelaufen sein.
Es bläst stark bögig aus Nord-Nordwest. Ein Wirbel hat sich herausgelöst und fegt über uns hinweg — urplötzlich tanzen wir inmitten haushoher Wellen — die Ladung verrutscht — Schlagseite — Wassereinbruch — alles innerhalb weniger Sekunden. Die Situation ist ernst!
In diesem Moment erkennen wir, wie wichtig das verlangte gute Verständigungsmittel zwischen Kommandobrücke und Funkraum ist. In unserem Fall auf einem kleinen Kümo ist es bloß die Verbindungstür. Da kann auf eine technische Einrichtung wie Sprachrohr oder Bordtelefon verzichtet werden.
Die Tür wird aufgerissen, der Kapitän gibt Order: „Sofort Mayday, Position 5 Seemeilen nordöstlich Kieler Leuchtturm, schwere Schlagseite, dringend Schlepper oder sonstige Bergungshilfe!"
2182 kHz, zuerst den Notanruf:

Alarmzeichen 30—60 Sekunden lang laufen lassen
„Mayday Mayday Mayday

hier ist
Seeadler   Seeadler   Seeadler/DFTG"
sofort hinterher die Notmeldung:

„Mayday
Seeadler/DFTG
Position 5 Seemeilen nordöstlich Kieler Leuchtturm
treiben mit schwerer Schlagseite in grober See
benötigen dringend Schlepper- oder Bergungshilfe"

dann zweimal je 10—15 Sekunden lang Träger einschalten, danach nochmals Schiffsnamen nennen:

„Seeadler/DFTG — over"

Abweichend vom üblichen Anruf kann beim Notanruf das Rufzeichen jedesmal dem Schiffsnamen hinzugefügt werden. Ferner wäre es zweckmäßig, Nationalität und Schiffsgattung mit anzugeben, z. B.:

„. . . hier ist deutsches Küstenmotorschiff Seeadler Delta Foxtrott Tango Golf usw."

Besonders bei erschwerten Empfangsverhältnissen lassen sich unter Umständen dadurch sowohl auf die Identität als auch auf die ungefähre Position des Schiffes (TR!) leichter Rückschlüsse ziehen. Auch sollte man Teile der Notmeldung — vor allem die Position — sogleich wiederholen — Vorschrift ist es jedoch nicht.

Selbstverständlich wäre es genau so richtig, statt wie in unserem Beispiel mit einer geographisch bezogenen Positionsangabe, den Standort nach Längen- und Breitengraden auszudrücken. Es ergibt sich aus der jeweiligen Situation, mit welcher Form man am schnellsten operieren kann. Bei Zahlen kann es erfahrungsgemäß in der Eile und Aufregung oder durch Übermittlungsfehler sehr leicht zu falschen Angaben kommen. Es hat schon Seenotpositionen gegeben, die lagen nach Länge und Breite bei Frankfurt am Main . . .

So dicht „vor der Tür" hat Kiel Radio unseren Notruf natürlich gut gehört und bestätigt mit dem ständig bereiten 2182-Sender:

„Mayday Seeadler   Seeadler   Seeadler/DFTG
hier ist
Kiel Radio   Kiel Radio   Kiel Radio
erhalten Mayday — over"

Auch der in Laboe stationierte Seenotrettungskreuzer „Theodor Heuss" hat uns gehört und bestätigt gleichfalls:

„Mayday   Seeadler   Seeadler   Seeadler/DFTG
hier ist
Seenotrettungskreuzer Theodor Heuss   Theodor Heuss
Theodor Heuss/DBAG
erhalten Mayday — laufen sofort aus — over"

Dann ist da noch ein Holländer:
„Mayday   Seeadler   Seeadler   Seeadler/DFTG
Delta Echo
Henriette Willems   Henriette Willems   Henriette Willems/PGHA
Romeo   Romeo   Romeo   Mayday — over"

Weitere Angaben kann der holländische Funker im Moment auch gar nicht machen, weil erst sein Kapitän entscheidet, ob Hilfeleistung möglich ist oder nicht. Diese Entscheidung muß dem Havaristen umgehend mitgeteilt werden.

Und sogar ein Schlepper meldet sich:
„Mayday   Seeadler   Seeadler   Seeadler/DFTG
hier ist
Schlepper Mammut   Mammut   Mammut/DJBR
erhalten Mayday — over"

Kaum hat „Mammut" geendet, ist Kiel Radio wieder zu hören:
Alarmzeichen 30—60 Sekunden, gefolgt von einem 10 Sekunden langen Dauerton von 1300 Hz
„Mayday Relay   Mayday Relay   Mayday Relay
hier ist
Kiel Radio   Kiel Radio   Kiel Radio
um 2343 UTC auf 2182 kHz folgende Seenotmeldung empfangen:
Mayday   Seeadler/DFTG   Position 5 Seemeilen nordöstlich
Kieler Leuchtturm   treiben mit schwerer Schlagseite in grober See
benötigen dringend Schlepper- oder Bergungshilfe
Ende der Meldung — over"

Diese Weitergabemeldung verbreitet Kiel Radio außerdem auf Mittelwelle 500 kHz, Grenzwelle 1. Kanal und auf UKW Kanal 16, damit soviel Schiffe wie irgend möglich von dem Seenotfall erfahren. Darüber hinaus wird an Hand eines Seenotweitergabeplanes ebenfalls über Telefon und Fernschreiber ein umfangreicher Hilfsapparat in Bewegung gesetzt.

Bekanntlich werden alle weiteren Anrufe und Meldungen im Seenotverkehr mit „Mayday" eingeleitet. So wie jetzt:

„Mayday Seeadler
hier ist
Theodor Heuss
schießen sie rote Raketen — over"
„Mayday Theodor Heuss
hier ist
Seeadler
verstanden, werde rote Raketen schießen — over"
„Maday Seeadler
hier ist
Schlepper Mam - - -" und dann funkt im wörtlichen Sinn jemand dazwischen:

„Lyngby Radio   Lyngby Radio   Lyngby Radio
hier ist
Merkur   Merkur   Merkur/DABC
ich habe ein Telefongespräch für sie, ich gehe auf 2049, was ist ihre Arbeitsfrequenz? — over"
„Merkur/DABC
hier ist
Seeadler/DFTG
Silence Mayday"

Und noch jemand hat offensichtlich keine Kenntnis von unserem Seenotfall:

„Göteborg Radio   Göteborg Radio   Göteborg Radio
this is
Oliver   Oliver   Oliver/GRJK
a message for you, please answer 2182 — over"

Diesmal geht die Aufforderung, den Funkverkehr einzustellen, nicht von dem in Not befindlichen Fahrzeug bzw. von der Leitfunkstelle aus:

„Oliver
Delta Echo
Theodor Heuss
Silence detresse"
usw. usw. usw.

Vielleicht ist Ihnen aufgefallen, daß beim Anruf an die Merkur und an die Oliver weder von Seeadler noch von der Theodor Heuss „Mayday" vorweggegeben wurde. Das ist auch richtig so und nicht etwa vergessen worden: denn nur der Notverkehr wird stets mit „Mayday" eingeleitet und Merkur und Oliver haben ja nichts damit zu tun. Ganz im Gegenteil, sie stören ihn.

Daß es keinen Zweck hat, den Kurzanruf mit dem Hinweis „Silence Mayday" bzw. „Silence Dètresse" schon zu senden, während der Störer noch spricht, sondern daß man erst abwarten muß, bis er sein „over" gesagt hat, leuchtet Ihnen aber ohne weiteres ein, nicht wahr? — Falls nicht, lesen Sie bitte einmal nach, was ich Ihnen auf Seite 64 über Simplexverkehr erklärt habe.

Wir wollen unseren Übungs-Seenotfall gut zu Ende gehen lassen. Die „Seeadler" befindet sich mittlerweile auf dem Haken des kräftigen Schleppers „Mammut". Es geht zurück in die Kieler Förde, außerdem bleibt „Theodor Heuss" in der Nähe. Der Wind hat sich etwas beruhigt. Die Schotten halten. Keine Verluste.

Etwa auf der Höhe von Bülk gibt der Kapitän Order, die Seenotschlußmeldung zu verbreiten.

„Mayday
an alle Funkstellen   an alle Funkstellen   an alle Funkstellen
hier ist
Seeadler   Seeadler   Seeadler/DFTG
0320 UTC
Seeadler/DFTG
Silence fini, over and out"

Nach dieser theoretischen Aufregung haben Sie eine erholsame Pause verdient. Überdenken Sie dann noch einmal in Ruhe den gesamten funkbetrieblichen Ablauf sowie die verschiedenen Fachausdrücke eines Seenotfalles. Lesen Sie auch einmal das speziell für den Notverkehr zusammengestellte Merkblatt auf Seite 122/123 durch.

Seenotfunkbojen
(EPIRB = Emergency Position — Indicating Radio Beacon)

Damit bei Schiffsunfällen die Seenotposition auch dann noch gekennzeichnet und gepeilt werden kann, wenn aus verschiedenen Gründen die Bordstation ausgefallen bzw. nicht mehr bedienbar ist, sind Funkbojen entwickelt worden. Unter bestimmten Voraussetzungen gehören sie mittlerweile sogar zur Pflichtausrüstung (siehe SSV).

NOTVERKEHR

1. Allgemeine Hinweise

Verwenden Sie die offene Sprache; wenn jedoch **Sprachschwierigkeiten** bestehen, sollten Sie entweder Q-Gruppen aus Anlage 23 Handbuch Seefunk oder Kodegruppen des Internationalen Signalbuchs benutzen!

Bei Anwendung des Internationalen Signalbuchs ist der kodierte Text Ihrer Meldung mit dem Begriff INTERCO einzuleiten (siehe Beispiel unter 5.).

Wichtige Wörter und Begriffe, Q-Gruppen, sonstige Verkehrsabkürzungen, Kodegruppen sowie Ziffern buchstabieren Sie nach der internationalen Buchstabiertafel (siehe unter 6.).

2. Anzeige eines Notfalls

Alarmzeichen

Senden Sie – wenn möglich – das Alarmzeichen (Zwei-Ton-Signal) 30 Sekunden bis 1 Minute, aber verzögern Sie dadurch bei Zeitmangel nicht das Aussenden der Notmeldung.

Notanruf

Senden Sie den folgenden Notanruf: MAYDAY MAYDAY MAYDAY hier ist . . . . (Name und Rufzeichen, dreimal gesprochen). Bei Sprachschwierigkeiten verwenden Sie DE (Delta Echo) anstelle von „hier ist".

Notmeldung

Die anschließende Notmeldung senden Sie wie folgt: MAYDAY . . . . (Name und Rufzeichen) . . . . (Position des Fahrzeugs) . . . . (Art des Notfalls; falls erforderlich, Art der benötigten Hilfe sowie jede sonstige Information, die der Suche und Rettung dienen kann).

Am Ende der Notmeldung folgen zwei Peilzeichen von je 10 – 15 Sekunden Dauer durch Einschalten des Trägers; danach werden Schiffsname und Rufzeichen wiederholt.

3. Art des Notfalls in Kodegruppen des Internationalen Signalbuchs

Kodegruppe	Schlüsselwörter	Bedeutung	Anmerkungen
AE	Alfa Echo	Ich muß mein Fahrzeug verlassen.	Eine umfassendere Liste mit Kodegruppen finden Sie im allgemeinen Abschnitt (Sende- und Empfangsteil) des Internationalen Signalbuchs ab Seite 53.
CB	Charlie Bravo	Ich benötige sofortige Hilfe.	
CB6	Charlie Bravo Soxisix	Ich benötige sofortige Hilfe; Feuer im Schiff.	
DX	Delta X-ray	Ich sinke.	Q-Gruppen, die sich auf die Schiffssicherheit beziehen und auch von Sprechfunkern angewendet werden dürfen, enthält das Handbuch Seefunk in Anlage 23.
HW	Hotel Whiskey	Ich bin mit Überwasserfahrzeug zusammengestoßen.	
IA8	India Alfa Oktoeight	Ich habe Ruderschaden erlitten.	
JF	Juliett Foxtrott	Ich bin aufgelaufen auf . . . . (Breite und Länge).	
JW	Juliett Whiskey	Ich bin leckgeschlagen.	

4. Angabe der Position in Kodegruppen des Internationalen Signalbuchs

a) durch Peilung und Abstand von einer Landmarke aus:

Schlüsselwort **Alfa**, gefolgt von einer Drei-Zifferngruppe und dem Namen der betreffenden Landmarke = **rechtweisende Richtung** von der Landmarke zum Schiff; Schlüsselwort **Romeo**, gefolgt von einer oder mehreren Ziffern = **Abstand in Seemeilen** zwischen Landmarke und Schiff.

b) durch Breite und Länge:

Schlüsselwort **Lima**, gefolgt von einer Vier-Ziffergruppe (2 Ziffern für Grade, 2 Ziffern für Minuten) und Schlüsselwort **November** bzw. **Sierra** für die nördliche bzw. südliche Breite. Schlüsselwort **Golf**, gefolgt von einer Fünf-Ziffergruppe (3 Ziffern für Grade, 2 Ziffern für Minuten) und Schlüsselwort **Echo** bzw. **Whiskey** für östliche bzw. westliche Länge.

5. Beispiele für Notmeldungen a) in offener Sprache, b) unter Verwendung von Kodegruppen

a) MAYDAY MAYDAY MAYDAY hier ist ...... (Name und Rufzeichen, dreimal gesprochen) MAYDAY....... (Name und Rufzeichen) Position 53 50 Nord 001 25 Ost. Habe Feuer an Bord und benötige sofortige Hilfe. Ich muß mein Fahrzeug verlassen.

b) MAYDAY MAYDAY MAYDAY Delta Echo (anstelle von „hier ist")....... (Name und Rufzeichen, buchstabiert, dreimal gesprochen) MAYDAY....... (Name und Rufzeichen, buchstabiert) I N T E R C O Lima Pantafive Terrathree Pantafive Nadazero November Golf Nadazero Nadazero Unaone Bissotwo Pantafive Echo Charlie Bravo Soxisix Alfa Echo. (Die in an INTERCO verwendeten Schlüsselwörter entsprechen in ihrer Bedeutung dem Inhalt der Notmeldung in Absatz a); siehe auch unter 3. und 4.).

6. Buchstabiertafel für Buchstaben und Ziffern

a) Buchstaben (anzuwenden, wenn im Verkehr mit ausländischen und deutschen Küsten- und Seefunkstellen das Buchstabieren von Rufzeichen, Q-Gruppen, sonstigen Abkürzungen, Kodegruppen, Wörtern und Begriffen erforderlich ist):

A = Alfa	(AL FAH)	N = November	(NO WEMM BER)	U = Uniform	(JU NI FORM)
B = Bravo	(BRA WO)	O = Oscar	(OSS KAR)	V = Victor	(WICK TAR)
C = Charlie	(TSCHA LI)	P = Papa	(PA PAH)	W = Whiskey	(WISS KI)
D = Delta	(DEL TAH)	Q = Quebec	(KI BECK)	X = X-ray	(EX REH)
E = Echo	(ECH O)	R = Romeo	(RO MIO)	Y = Yankee	(JENG KI)
F = Foxtrott	(FOX TROTT)	S = Sierra	(SSI ER RAH)	Z = Zoulou	(SUH LUH)
G = Golf	(GOLF)	T = Tango	(TANG GO)		
H = Hotel	(HO TELL)				
I = India	(IN DI AH)				
J = Juliett	(JUH LI ETT)				
K = Kilo	(KI LO)				
L = Lima	(LI MAH)				
M = Mike	(MEIK)				

b) Ziffern (anzuwenden, wenn im Verkehr mit ausländischen Küsten- und Seefunkstellen das Buchstabieren von Ziffern oder Zeichen nötig ist):

0 = NADAZERO	(NAH DAH SEH RO)	4 = KARTEFOUR	(KAR TE FAUER)
1 = UNAONE	(UH NAH WANN)	5 = PANTAPIVE	(PANN TA FAIF)
2 = BISSOTWO	(BIS SO TUH)	6 = SOXISIX	(SSOCK SSI SSIX)
3 = TERRATHREE	(TER RA TRIH)	7 = SETTESEVEN	(SSET TEH SSÄWN)
8 = OKTOEIGHT	(OCK TO AIT)		
9 = NOVENINE	(NO WEH NAINER)		
Komma = DECIMAL	(DEH SSI MAL)		
Punkt = STOP	(SSTOPP)		

Anmerkung: Bei Ziffern und Zeichen werden alle Silben gleich stark betont!

NSch 10.73 8 5 4 3 2 1
DIN A 4, Klasse 219 I

OPD Hmb 94-51652

Die Funkboje wird bei einem Seenotfall über Bord geworfen und sendet dann *automatisch* bestimmte Signale aus. Sie bestehen aus gleichbleibenden Morsetönen von 1300 Hz, die eine bis fünf Sekunden dauern und von gleichlangen bzw. kürzeren Pausen unterbrochen werden.

Wer derartige Signale empfängt — wegen der festgelegten Tonhöhe sind sie auch im Wachempfänger auf der Brücke hörbar —, muß sie unverzüglich peilen und eine Seenotweitergabemeldung (Mayday Relay) verbreiten. Dabei ist sowohl die eigene Position als auch die rechtweisende Peilung anzugeben.

So etwa:
    Alarmzeichen 30—60 Sekunden
    „Mayday Relay   Mayday Relay   Mayday Relay
    hier ist
    Seeadler   Seeadler   Seeadler/DFTG
    Mayday
    haben in Position 54° 28′ 15″ N
    11° 35′ 30″ O auf 2182 kHz Signale einer Seenotfunkboje empfangen stop Peilung 205° rechtweisend — ich wiederhole . . . — Ende der Meldung Seeadler/DFTG — over"

Mit Recht werden Sie einwenden, daß auf 2182 kaum gepeilt werden kann. Geben Sie dann stattdessen die Lautstärke an, mit der Sie die Zeichen empfangen und verwenden Sie dafür die Q-Gruppen-Skala 1—5 auf Seite 63. Bei einer Lautstärke ab 3 können Sie unterstellen, daß die Funkboje nicht allzuweit von Ihnen entfernt treibt, denn infolge der geringen Antennenhöhe ist ihre Reichweite nicht allzu groß. Hinzu kommt, daß der Einsatz einer Funkboje in der Regel mit entsprechendem Seegang verbunden sein dürfte.

Die Seenotfunkboje ist nicht mit der tragbaren Telegrafiefunkanlage zu verwechseln, denn die muß bedient werden. Die Funkboje muß mindestens 48 Stunden senden können.

Dringlichkeitsverkehr

Der Sturm hat sich ausgetobt. Wir können endlich weiterfahren.
In der Zwischenzeit haben wir noch kompensiert und eine Funkbeschikkung durchführen lassen.

Nachdem wir den neuen Leuchtturm von Friedrichsort passiert haben, kommen backbord voraus die Hochhäuser und Olympiabauten von „Klein-Manhattan" — von Kiel-Schilksee, sowie die Funkmasten und der „Mini-Eiffelturm" mit der Betriebszentrale von Kiel Radio in Sicht.
Unser TR senden wir folglich mit geringster Leistung.

Funktagebuch, Freitag, 13.:

UTC	Frequenz	an	von	Angaben
1600				Auslaufen Holtenau, Wach-empfänger auf Dauerempfang, Notsenderbatterie = 24 V
1615	2146/2775	DAO	DFTG	TR: QTO Holtenau nach Kopenhagen

Mit dem Seenotverkehr haben wir zwar den wichtigsten Teil des See-funkdienstes kennengelernt, aber eben halt nur den wichtigsten. Es gibt noch genügend weitere gefährliche und aufregende Ereignisse für das Schiff und seine Besatzung: die Dringlichkeitsfälle.
Während der Seenotruf „Mayday" nur ausgesendet werden darf, wenn es sich um Gefahr für Schiff *und* Besatzung handelt, signalisiert das Dringlichkeitszeichen
    „PAN PAN   PAN PAN   PAN PAN"
gewissermaßen als „Alarmstufe 2" ein gefahrvolles Teilereignis. Zum Beispiel plötzliche schwere Erkrankung oder Verletzung, „Mann über Bord", Manövrierbehinderung usw.
Sie erkennen an diesen paar Beispielen schon, wie nötig es für Sie ist, auch den Dringlichkeitsverkehr funkbetrieblich richtig abrollen zu lassen. Denn nur dann haben Sie die größte Aussicht, schnell und erfolgreich Hilfe einzuleiten.
Das Dringlichkeitszeichen, das jahrzehntelang aus dem dreimaligen „Pan" bestand und ab 1. 1. 1976 durch das dreimal jeweils doppelt zu spre-chende Wort abgelöst wird, ist eine der bedeutendsten betrieblichen Änderungen, die die Genfer Seefunkkonferenz 1974 hervorgebracht hat. Endlich hat man eingesehen, daß das einsilbige Wort „Pan" auf den in-ternational belebten Frequenzen phonetisch im buchstäblichen Sinne wenig ansprechend war. Mit der „dreifachen Doppelung" ist die klang-volle Wirkung wenigstens etwas verbessert worden.
Auch der Dringlichkeitsruf „PAN PAN   PAN PAN   PAN PAN" darf nur vom Kapitän angeordnet werden. Beachten Sie dabei ferner bitte, daß die

Pan-Pan-Verbreitung in der Form von „Mayday" abweicht. Im Unterschied zu „Mayday" ist nach dem Dringlichkeitsruf noch ein Anrufziel anzugeben. Entweder „An alle Funkstellen" oder an eine bestimmte Station.

Sofern die Dringlichkeitsmeldung von jeder Funkstelle beachtet werden soll, verwenden Sie am vorteilhaftesten die 2182. Die frühere Vorschrift, Dringlichkeitsmeldungen dort lediglich anzukündigen, sie aber auf jeden Fall auf einer anderen (Arbeits-) Frequenz zu verbreiten, wurde inzwischen vernünftigerweise gelockert. Wenn die Meldung nicht lang ist, darf sie nach der Ankündigung nunmehr auch auf 2182 verbreitet werden. Das gilt analog auch für UKW/Kanal 16.

Eine evtl. nötige spätere Wiederholung der Dringlichkeitsmeldung ist jedoch nach der erneuten Ankündigung stets auf einer Arbeitsfrequenz auszusenden. Sofern eine Seefunkstelle den Dringlichkeitsruf „an alle Funkstellen" richtet, verwendet sie für die Wiederholung eine Schiff-Schiff-Frequenz, z. B. 2421 kHz. Halten Sie aber Ihre Empfangsbereitschaft auf 2182 aufrecht und weisen Sie am Ende der Meldung darauf hin! — Warum? — Nun, Sie sind doch sicherlich nicht so extrem nationalbewußt, daß Sie nur die Hilfe von einem bundesdeutschen Fahrzeug erwarten, nicht wahr? Abgesehen davon, darf ja bekanntlich auch noch nicht einmal jede Schiffsgattung mit der schwarz-rot-goldenen Nationalen am Heck jede bundesdeutsche Schiff-Schiff-Frequenz benutzen (siehe Seite 60/61). Und Küstenfunkstellen sowie ausländische Seefunkstellen können Ihnen erst recht nicht auf der beispielsweise erwähnten 2421 kHz antworten. — Diese Überlegungen gelten natürlich auch bei schiffsseitigen Sicherheitsmeldungen (Sécurité).

Betrifft die Pan-Pan-Meldung nicht alle Schiffe, sondern beispielsweise nur eine bestimmte Funkstelle, ist auch der Anruf und die Frequenz entsprechend zu wählen. Es muß also in diesem Fall nicht unbedingt 2182 bzw. Kanal 16 sein.

Dringlichkeitsmeldungen „an alle Funkstellen" werden vorteilhafterweise einige Sekunden vor Ablauf einer Seenotpause, also gegen Ende der 3. oder 33. Minute auf 2182 kHz angekündigt. Bei „Mann über Bord" dürfen Sie ausnahmsweise auch das Alarmzeichen dem Pan-Pan-Signal vorweggeben. Sollte 2182 mit Seenotverkehr belegt sein, ist es Ihnen gestattet, die Dringlichkeitsmeldung während einer Verkehrspause in Kurzform anzukündigen:

„PAN PAN" — nur einmal! — hier ist Seeadler/DFTG ich sende auf 2421 over".

Nehmen Sie ein Dringlichkeitszeichen ohne nachfolgende Meldung auf, müssen Sie die Hörbereitschaft mindestens 3 Minuten lang fortsetzen und die nächste Küstenfunkstelle unterrichten.

Auf keinen Fall darf die Aussendung einer Pan-Pan-Meldung gestört werden. Inwieweit bei Dringlichkeitsmeldungen „An alle Funkstellen" der Empfang zu bestätigen ist, ergibt sich aus dem jeweiligen Ereignis.

Nachdem der Dringlichkeitsfall erledigt ist, sollten Sie eine entsprechende Abschlußmeldung verbreiten. Eine genaue Form wie beim „Mayday" ist nicht vorgeschrieben.

Damit Sie wieder etwas üben können, möchte ich auch hier ein paar Beispiele aufzeigen:

1. An alle Seefunkstellen, auf 2182 kHz

   a) Erstaussendung

   „PAN PAN   PAN PAN   PAN PAN
   an alle Funkstellen   an alle Funkstellen   an alle Funkstellen
   hier ist
   Seeadler   Seeadler   Seeadler/DFTG
   haben Netz in der Schraube, treiben 7 Seemeilen querab Hohwacht manövrierunfähig auf Land zu, bitten um Schlepphilfe — ich wiederhole . . . — ich bin empfangsbereit auf 2182 — over"

   b) Spätere Wiederholung auf 2182, ca. 30 Sekunden vor Ablauf der nächsten Seenotpause:

   „PAN PAN   PAN PAN   PAN PAN
   an alle Funkstellen   an alle Funkstellen   an alle Funkstellen
   hier ist
   Seeadler   Seeadler   Seeadler/DFTG
   ich gehe zum Senden auf 2421 — over"

   Dann nach nur umgeschaltetem Sender (!) auf 2421 ankündigen und verbreiten wie bei 1 a)

Als für dieses Seegebiet zuständige Küstenfunkstelle nimmt auch Kiel Radio diese Meldung auf und verbreitet sie sowohl im Sprechfunk als auch im Telegrafiefunk und wiederholt sie in gewissen Abständen. Kostenlos.

2. An eine bestimmte Funkstelle. Zum Beispiel auf 2146 kHz für Kiel Radio:

   „PAN PAN   PAN PAN   PAN PAN
   Kiel Radio   Kiel Radio   Kiel Radio

hier ist
Seeadler   Seeadler   Seeadler/DFTG
haben einen Erkrankten an Bord, bitte dringend Funkarzt"

Kiel Radio unterbricht sofort einen evtl. anderweitigen Funkverkehr und verbindet mit dem Funkarzt. Sie können direkt mit dem Arzt sprechen und seine Anweisungen ausführen. Auch mit der normierten Bordapotheke kennt er sich aus: „. . . das ist typisch für eine schwere allergische Reaktion, legen sie den Mann auf den Bauch und entblößen sie ihn, — ziehen sie dann eine Spritze mit Avil aus der Ampullenpackung 58 auf und verabreichen sie die Injektion dort, wo die Uhr halb zwei zeigt . . ."
Solche Funkarzt- (Medico-) Gespräche sind gebührenfrei.

Sicherheitsmeldungen

Wie Sie schon von der Windwarnung über Kiel Radio her wissen, werden wichtige Meldungen, die die Schiffssicherheit betreffen, mit

„Sécurité   Sécurité   Sécurité
(gesprochen: ßeküriteeh)

eingeleitet. Danach kommt der Anruf. Meistens „An alle Funkstellen".

Die Küstenfunkstellen kündigen solche Sicherheitsmeldungen a) sofort nach Eingang, b) im Anschluß an die nächste Funkstille und c) zur nächsten festen Programmzeit für nautische Warnnachrichten auf 2182 kHz an. Wohlgemerkt, sie kündigen an! Verbreitet wird die meteorologische oder nautische Warnmeldung stets auf einer Arbeitsfrequenz.
Länger gültige nautische Warnnachrichten werden mehrmals am Tage zu feststehenden Zeiten — siehe Merkblatt Seite 58 bzw. Handbuch Seefunk — wiederholt. Und zwar so oft, bis eine Aufhebungsmeldung folgt. Diese wird ebenfalls durch dreimal „Sécurité" eingeleitet.
Seit 1975 ist zu unterscheiden zwischen „Wichtigen nautischen Warnnachrichten" und „Vitalen nautischen Warnnachrichten". Letztere sind — so die offizielle Erläuterung: „Warnnachrichten von überragender Bedeutung". Ihnen geht auf 2182 der höhere, unterbrochene Ton des Sprechfunkalarmzeichens (2200 Hz) 15 Sekunden lang voraus. Dadurch können die mit dem Sicherheitsempfänger auf Dauerwache geschalteten Seefunkstellen im entsprechenden Seegebiet solche ganz besonders wichtigen Warnungen bereits bei der Erstaussendung aufnehmen. Außerdem sind

Wiederholungen nach festgelegten Plänen in vierstündigem Abstand vorgesehen.

Das Sicherheitszeichen „Sécurité" haben die Küstenfunkstellen jedoch nicht gepachtet!

Woher soll Kiel Radio zum Beispiel erfahren, daß die Tonne 5 auf Kiel-Ostsee-Weg verlöscht ist, wenn dieser Sachverhalt nicht von einem vorbeifahrenden Schiff berichtet wird?

Deshalb sollten, nein, *müssen* auch Seefunkstellen stets eine Sicherheitsmeldung verbreiten, wenn sie schiffssicherheitsgefährdende Beobachtungen machen!

Wie z. B. jetzt unsere „Seeadler".

Es ist inzwischen Samstag, den 14., 0630 UTC.

Wir sind vor der dänischen Küste bei Moens Klint. Hier haben offenbar auch die Sturmböen in der vorausgegangenen Nacht gewütet und bei einem Frachter einen Teil seiner Decksladung von Bord gespült. Es treiben dicke Baumstämme umher. Besonders in der Dunkelheit können sie sehr gefährlich werden.

Order vom Kapitän: Sicherheitsmeldung verbreiten!

Auf 2182 kHz:

    „Sécurité   Sécurité   Sécurité

    an alle Funkstellen   an alle Funkstellen   an alle Funkstellen

    hier ist

    Seeadler   Seeadler   Seeadler/DFTG

    ich gehe zum Senden auf 2361 kHz — over"

Dann auf 2361 kHz:

    „Sécurité   Sécurité   Sécurité

    an alle Funkstellen   an alle Funkstellen   an alle Funkstellen

    hier ist

    Seeadler   Seeadler   Seeadler/DFTG

    Warnmeldung

    4 Seemeilen südöstlich von Moens Klint ca. 20 treibende Baumstämme gesichtet stop Windrichtung Nordwest — ich wiederhole . . .

    Ende der Meldung — ich bin empfangsbereit auf 2182 — over"

Vornehmlich kleine Schiffe werden uns für diese Meldung dankbar sein, — sofern sie auf 2182 kHz hörbereit waren . . .

Es ist anzunehmen, daß auch die nördlich von Kopenhagen gelegene Küstenfunkstelle Lyngby Radio als für dieses Seegebiet zuständige

Station unsere Meldung aufgegriffen hat und sie wiederholt. Sonst müßten wir die Küstenfunkstelle noch einmal extra anrufen. Falls Lyngby Radio einige Angaben nicht verstanden hat, wird man uns auf 2182 kHz rufen und nachfragen. Sie sehen also auch hierbei, wie wichtig es ist, wenn Sie auf 2182 empfangsbereit bleiben. Würden Sie auf der bundesdeutschen Frachter-Frequenz nicht nur senden, sondern auch auf Empfang gehen, würden Sie Ihre Erreichbarkeit analog wie bereits beim Dringlichkeitsverkehr angedeutet, erheblich einengen und in diesem speziellen Fall beispielsweise von Lyngby Radio gar nicht ansprechbar sein.
Auch für Sécurité-Meldungen entstehen Ihnen keine Kosten.

Funktagebuch:

UTC	Frequenz	an	von	Angaben
0640	2182/ 2361	Sécurité an alle	DFTG	Warnmeldung verbreitet: 4 Sm SO von Moens Klint ca. 20 treibende Baumstämme gesichtet. Windrichtung NW.
0700 —	1000			Notsenderbatterie nachgeladen

Funkverkehr mit einer ausländischen Küstenfunkstelle

A propos Lyngby Radio!
Die „Seeadler" ist nun bald am Ziel. In ca. 2—3 Stunden können wir in Kopenhagen sein.
Unser Kapitän hat Freunde in Helsingör. Schon von Hamburg aus hat er mit ihnen vereinbart, daß sie uns Kopenhagen zeigen wollen.

Wir sollen dänische Spezialitäten aller Art kennenlernen:

Smörebrod — und die bunte Leibgarde von Amalienborg, Tuborg Øl mit Aquavit — und einen Bummel über den Ströget, ein Erinnerungsfoto mit der Meerjungfrau — und abends natürlich ins Tivoli!
Nach den anstrengenden Stunden, die hinter uns liegen, doch eine vortreffliche Idee, nicht wahr?
Nun, auch die schöpferische Pause darf bei einer Ausbildung nicht zu kurz kommen. Daran sollten Sie hin und wieder denken. —
Die Nielsens müssen rechtzeitig über unsere Ankunft unterrichtet werden. Per Funkgespräch. Das macht der „Alte" selbst. Denn natürlich hat auch er ein Sprechfunkzeugnis.

Er will das Gespräch nicht über Kiel Radio führen, sondern über Lyngby Radio. Großmütig gestattet er uns, dazubleiben und zuzuschauen bzw. zuzuhören.

Er schaltet das ordnungsgemäß in „kaltem" Zustand empfangs- und sendeseitig auf die internationale Seenot- und Anrufwelle abgestimmte Funkgerät ein und beobachtet die 2182 zunächst einige Minuten lang.

Ist sie vielleicht mit Notverkehr belegt?

Wird eine Dringlichkeits- oder Sicherheitsmeldung angekündigt?

Oder ist gerade eine andere Station laut rufend zu hören?

Ganz frei wird die 2182 allerdings nie sein. Entfernter Anrufverkehr ist fast immer zu hören. Doch der stört uns nicht und den stören wir nicht.

Dem Kapitän sind die betriebstechnischen Verhältnisse mit Lyngby Radio auf Grund seiner Erfahrung geläufig. Sonst würde er sich vor dem Anruf zunächst an Hand der „Dienstbehelfe" — Sonderheft MfS oder Nautischer Funkdienst — ausreichend informieren, auf welcher bzw. auf welchen Frequenzen die dänische Station arbeitet. Wie DAN und DAO verwenden die Auslandsküstenfunkstellen für den Verkehr mit fremden Seefunkstellen vorwiegend ihre nachgeordneten Kanäle.

Warten wir ab, was Lyngby Radio uns anbietet.

Schnell wirft der Kapitän noch einen Blick auf die Funkuhr: ist womöglich gerade Seenotpause oder steht sie unmittelbar bevor?

Dann nimmt er den Handapparat aus der Halterung, drückt auf die Sprechtaste und ruft auf 2182:

    „Lyngby Radio   Lyngby Radio   Lyngby Radio
    hier ist (bzw. „delta echo" oder „this is")
    Seeadler   Seeadler   Seeadler/DFTG
    ich habe ein Gespräch, bitte hören sie für mich auf 2049,
    wie ist ihre Arbeitsfrequenz? — over"

Wie die meisten skandinavischen Stationen können die dänischen Funker und Funkerinnen auf Lyngby Radio recht gut deutsch verstehen und auch sprechen, wie aus der prompten Antwort auf 2182 hervorgeht:

    „Sseeadler   Sseeadler   Sseeadler/DFTG
    hier ist
    Lyngby Radio   Lyngby Radio   Lyngby Radio
    verstanden, gehen ssie auf 2049, hören ssie mich auf 1806 — over"
    „Lyngby Radio
    hier ist

Seeadler/DFTG
danke, verstanden, ich höre auf 1806 — over"

Damit sind die Arbeitsfrequenzen vereinbart, denn selbstverständlich darf das Gespräch selbst nicht auf 2182 durchgeführt werden. An Bord ist dabei zu beachten, daß nur eine Arbeitsfrequenz verwendet wird, die für Verbindungen mit *ausländischen* Küstenfunkstellen vorgesehen ist (siehe auch Merkblatt Seite 57).

Schnell wechselt der Kapitän auf Empfänger und Sender die Frequenzen. Die Reihe zu rufen, ist wieder an ihm.

Auf 2049 kHz:
„Lyngby Radio   Lyngby Radio   Lyngby Radio
hier ist
Seeadler   Seeadler   Seead . . ."

Lyngby Radio hat uns schon gehört und kann uns, da es sich jetzt um Duplexverkehr handelt, unterbrechen:

Auf 1806 kHz hören wir:
„Sseeadler   Sseeadler   Sseeadler/DFTG
hier ist
Lyngby Radio   Lyngby Radio   Lyngby Radio
guten Tag, ich höre ssie gut, wohin geht das Telefon?"

„Lyngby Radio
hier ist
Seeadler/DFTG
guten Tag, ich verstehe sie auch gut, bitte ein Telefongespräch nach Helsingör 34567, ich wiederhole 3-4-5-6-7 (bzw. terrathree kartefour pantafive soxisix setteseven)"

„OK, Helsingör 34567, warten ssie einen Moment"

„OK, ich warte"

Einige Augenblicke später ist die Verbindung zu Nielsen in Helsingör hergestellt. Sie freuen sich über unseren Besuch. Es bleibt bei der Verabredung für heute abend. — Es wird vergnügte Stunden geben. —

„Sseeadler
hier ist
Lyngby Radio
3 Minuten von 0916 bis 0919, das kostet 9 Goldfranken"

„Danke, verstanden, — hier ein TR: wir sind auf der Fahrt von Hamburg nach Kopenhagen, laufen in 2 Stunden ein"
„Danke, verstanden, auf Wiederhören"
„Auf Wiederhören"

Funktagebuch:

UTC	Frequenz	an	von	Angaben
0912/ 20	2182/ 2049 1806	Lyngby Radio	DFTG	Gespräch mit Helsingör 34567 TR Hamburg—Kopenhagen, QTP in 2 Stdn

Die Verbindung mit Lyngby Radio hätte auch noch auf eine andere Art hergestellt werden können:

Die betreffende Küstenfunkstelle gleich auf ihrer Empfangsfrequenz rufen — sofern man über diesen Quarz verfügt. (Siehe Sonderheft MfS).

Dieses Verfahren ist 1974 in Genf sogar als das künftig zu bevorzugende beschlossen worden, um die 2182 zu entlasten. Die Anschaffung solcher Sendequarze ist jedoch nur für Fahrzeuge lohnend, die im Linienverkehr sehr häufig mit den betreffenden ausländischen Küstenfunkstellen in Verbindung treten.
Wenn wir einmal dieses Verfahren in unserem Beispiel durchspielen wollen, dann müssen wir folgendermaßen vorgehen:

Wir sehen im Sonderheft MfS nach und stellen fest, daß die erste Arbeitsfrequenz der Seefunkstellen im Verkehr mit Lyngby Radio 2069 kHz lautet. Wenn wir keinen der modernen durchstimmbaren Sender haben, mit denen wir jede gewünschte Sendefrequenz erzeugen können, dann müssen wir uns wohl oder übel den Sendequarz 2069 kHz beschaffen und einbauen lassen. Wir wollen auch nicht vergessen, die zusätzliche Sendefrequenz in die Genehmigungsurkunde eintragen zu lassen, nicht wahr? So, und jetzt kann es losgehen:
Wir nehmen das Sonderheft MfS zur Hand, stellen fest, daß die Hauptarbeitsfrequenz von Lyngby Radio 1687 kHz ist — die ist nämlich unterstrichen.

Jetzt brauchen wir nur so vorzugehen, als wollten wir zum Beispiel mit Kiel Radio Funkverkehr abwickeln:

Wir stellen unseren Empfänger auf 1687 kHz ein und stimmen danach unseren Sender auf unsere neuerworbene Frequenz 2069 kHz ab. Nach dem Grundsatz: Erst hören, dann senden, hören wir erst einmal, ob die Frequenz „frei" ist und rufen dann:

„Lyngby Radio   Lyngby Radio   Lyngby Radio
hier ist
Seeadler   Seeadler   Seeadler/DFTG
ich habe ein TR"

Ist doch eine Kleinigkeit für einen versierten Funker, nicht wahr?

Damit wäre der „praktische Teil" unserer Ausbildung beendet.

Sie haben alles kennengelernt, was im Seefunkdienst an Sie herantreten kann. Die endgültige Sicherheit kommt — wie beim Autofahren — erst mit der „richtigen" Praxis.

Funktagebuch:

UTC	Frequenz	an	von	Angaben
1045	2146	DAO	DFTG	TR: einlaufen Kopenhagen
1110				Fest in Kopenhagen, Reise beendet, Station geschlossen, Wach-empfänger ausgeschaltet

Wir können es Ihnen allerdings nicht ersparen, noch etwas Theorie anzu-hängen. Die Prüfer könnten danach fragen.

Und für den Fall, daß man evtl. auch die Rangfolge im Seefunkdienst von Ihnen wissen will, haben Sie hier eine Übersicht:

Rangfolge im Seefunkdienst

1. Notverkehr
2. Dringlichkeitsverkehr
3. Sicherheitsverkehr
4. Funkpeilungen
5. Sendungen, die sich auf die Navigation und Bedürfnisse des Seefahr-zeugs beziehen
6. Staatsfunktelegramme und -gespräche
7. Funkdienstliche Meldungen
8. Übriger — privater — Nachrichtenverkehr

Lassen Sie sich also nicht verblüffen, wenn Sie während der Ausbildung anläßlich einiger „Lockerungsübungen" gefragt werden sollten, wie Sie an Bord bei gleichzeitiger Aufgabe von 3 Telegrammen die Übermittlungs-Reihenfolge wählen würden:

1. der Bundespräsident ein Staatstelegramm
2. der Kapitän ein Privattelegramm
3. der Koch ein Telegramm mit der Bestellung einiger Kisten Bier zur Proviantergänzung

Da Bier zweifellos sogar ein ganz besonders wichtiges Bedürfnis ist, muß die Reihenfolge demnach lauten: 3., 1., 2.
Selbst der Kapitän, sonst stets die Nr. 1 an Bord, kann hier nicht auf seinen hierarchischen Status pochen, — theoretisch jedenfalls . . ., wie natürlich die ganze Fragestellung nur ein theoretischer Spaß sein sollte. Denn wenn unser Staatsoberhaupt schon mal zu Ihnen an Bord käme, würde er sicherlich zum Vergnügen mitfahren und nicht auch noch von dort aus Staatsgeschäfte erledigen wollen.
Und daß sogar die Bierbestellung noch warten muß, wenn der Steuermann funkpeilen will — schließlich hat er eine ganz besonders wertvolle prominente „Fracht" an Bord —, ist Ihnen an Hand der vorstehenden Skala natürlich auch klar, nicht wahr?

Funkpeilung

Der *Peilfunk,* wie überhaupt die gesamte Funknavigation, oder wie ihr behördlicher offizieller Sammelbegriff lautet: der Ortungsfunkdienst *ist nicht Gegenstand der Prüfung* für das hier behandelte Sprechfunkzeugnis. Dennoch seien Ihnen ein paar Begriffe und Zusammenhänge erläutert.

Eigenpeilung

Wie aus der Bezeichnung schon hervorgeht, setzt die Eigenpeilung einen Funkpeiler — offiziell: Peilfunkanlage — an Bord voraus. Eine Ausrüstungspflicht gem. Schiffssicherheitsverordnung besteht nur für Schiffe ab 1600 BRT in der Auslandsfahrt.

Fremdpeilung

Für eine Fremdpeilung ist zwar kein eigener Bordpeiler erforderlich, dafür aber ein entsprechend organisiertes Peilfunknetz auf dem Festland.
In der BRD besteht ein solches nur für die Nordsee und zwar aus folgenden Stationen:

	Position	
Norddeich Gonio	53° 34' 18" N	07° 06' 38" O
Elbe-Weser Gonio	53° 50' 20" N	08° 40' 12" O
St. Peter-Ording Gonio	54° 20' 24" N	08° 37' 25" O

Den Wunsch, gepeilt zu werden, müssen Sie per üblichen Anruf an Norddeich Radio richten. Geben Sie dabei an, ob Sie rechtweisende Peilungen oder eine Standortangabe erbitten.

Peilungen genießen Vorrang. Sie werden deshalb in der Regel sogleich ausgeführt. Dazu wird die Seefunkstelle aufgefordert, — falls sie es kann — auf 2153 oder 1665 kHz Peilzeichen zu senden. Sonst wird eine andere Frequenz vereinbart.

Peilzeichen sind zweimal je 10 Sekunden lange Striche, denen anschließend der Schiffsname folgt. Im Sprechfunkverkehr werden die Peilstriche durch einfaches Drücken der Sprechtaste am Handapparat erzeugt. — Sie sollten sie übrigens schon kennengelernt haben: bei der Notmeldung.

Nach der Auswertung übermittelt Ihnen Norddeich Radio das Ergebnis. Da die Peilung verschiedenartig beeinflußt werden kann, z. B. durch Fading (Schwund), Fremdstörer usw., gibt es vier von A bis D abfallende Güteklassen.

Bei rechtweisender Peilung:

A = Gradangabe bis ca. 2° abweichend
B = Gradangabe bis ca. 5° abweichend
C = Gradangabe bis ca. 10° abweichend
D = Gradang. mehr als 10° abweichend

Bei Standortangaben:

A = Position bis etwa 5 Seemeilen abweichend
B = Position bis etwa 20 Seemeilen abweichend
C = Position bis etwa 50 Seemeilen abweichend
D = Position mehr als 50 Seemeilen abweichend

Aber auch bei Güteklasse A und erst recht bei den anderen übernimmt die DBP keine Haftung für nachteilige Folgen, die sich aus ungenauen Angaben ergeben könnten.

Eine Peilung des Nordsee-Peilfunknetzes ist gebührenpflichtig und kostet unabhängig der Anzahl der beteiligten Stationen 12,— DM.

Kurzwellentelefonie

Wie eingangs schon erwähnt, berechtigt Sie der Besitz des Sprechfunkzeugnisses wegen seiner Allgemeingültigkeit auch dazu, mit einer Kurzwellentelefonieanlage zu arbeiten. Das ist vielfach unbekannt.

Kurzwellen (KW) haben die Eigenschaft, sich mittels ihrer Raumwellen praktisch um die ganze Erde auszubreiten. Man muß nur wissen, zu welcher Tageszeit sich welche Kurzwelle dazu am besten eignet. Als grobe Faustregel gilt: je höher die Sonne, desto höher die Frequenz. Allerdings spielt noch die Verkehrsrichtung, also ob Nord-Süd-Richtung mit relativ gleichen oder Ost-West-Richtung mit sehr unterschiedlichen Helligkeitswerten, eine Rolle dabei. Auch Sonnenflecken beeinflussen die Ausbreitungsfähigkeit erheblich — und zwar positiv als auch negativ. Und so paradox es klingen mag: für kurze Entfernungen ist die Kurzwelle überhaupt nicht zu gebrauchen. Sie dient ausschließlich dem Weitverkehr.

Im Gegensatz zur Grenzwelle und erst recht zu den Ultrakurzwellen kann wegen der großen Reichweite bei Kurzwellen jegliche Bereichszuständigkeit für die Küstenfunkstellen entfallen. Auch in der Bundesrepublik Deutschland gibt es deshalb für KW-Verbindungen nur eine einzige Küstenfunkstelle: Norddeich Radio.

Der Merkblatt auf Seite 58 können Sie entnehmen, daß Norddeichs Funker auf sieben Frequenzpaaren auf den verschiedenen Wellenlängen arbeiten. Allerdings nicht gleichzeitig und nicht „rund um die Uhr", denn es liegt in der Natur der Sache, daß Kurzwellengespräche nicht zu jeder Tages- und Nachtzeit geführt werden. Zu welchen Jahres- bzw. Tageszeiten Norddeich auf welchen Frequenzen empfangsbereit ist, geht aus einem schwarz-weißen-gerasterten Hörbereitschaftsplan der Mitteilungen für Seefunkstellen hervor. Es sind stets zwei verschiedene Kurzwellenbänder. Das KW-Band, auf dem Sie die besseren Empfangsbedingungen feststellen, indem Sie einen evtl. laufenden Verkehr oder die vor dem Sammelanruf gesendeten Abstimmzeichen beobachten, wird in der Regel auch umgekehrt Ihrem Sender entsprechende Ausbreitungsverhältnisse bieten.

Kurzwellen-Anlagen sind zumeist auf Schiffen mit Berufsfunkern installiert. Es gibt aber auch für die Kleinschiffahrt kombinierte Grenz/Kurzwellen-Telefoniegeräte, so daß es durchaus sein kann, daß Sie auch solche Anlagen antreffen und bei größeren Entfernungen auf KW Verbindungen herstellen können bzw. müssen.

Erinnern Sie sich noch an den Abschnitt „Seenotverkehr" mit den Angaben, daß die Kurzwellentelefonie auch in den Not- und Sicherheitsdienst sowie in die Koordination bei „Search and Rescue" international mit einigen Frequenzen einbezogen ist?

Seefunkbeobachtungsstelle St. Peter-Ording

Warum sie im offiziellen Handbuch Seefunk nicht erwähnt und auch sonst weitestgehend verschwiegen wird, ist nicht bekannt. Aber sie existiert. In einer Doppelfunktion sogar, wie aus der amtlichen Bezeichnung hervorgeht:

Seefunkbeobachtungs- und Peilfunkstelle St. Peter-Ording

Als Peilfunkstelle allerdings haben Sie sie bereits auf Seite 135 kennengelernt.

Als Beobachtungsfunkstelle hingegen noch nicht.

Ich möchte auch gar nicht, daß Sie sie kennenlernen. Denn dann ist es meistens in Form eines „blauen Briefes"! Irgendwo haben Sie im Verkehr gesündigt. Im Funkverkehr, wohlverstanden. Noch genauer: im Seefunkverkehr. Denn neben der Peilerei hat diese Außenstelle des Fernmeldeamtes 6 Hamburg besonders den maritimen Funkbetrieb zu beobachten. Vielleicht haben Sie eine falsche Frequenz benutzt. Entweder paßte sie nicht zu Ihrer Schiffsgattung oder nicht zu dem Seegebiet, in dem Sie sich befanden. Oder Sie haben zu lange und zu stark eine Frequenz belegt. Oder gar auf 2182 während einer Seenotpause gerufen?

Alles natürlich nur versehentlich, nicht wahr? Aber meinen Sie nicht auch, wenn bei rd. über 10 000 bundesdeutschen Seefunksprechstellen nur 1 % „versehentlich" das eine oder andere falsch macht, daß es dennoch viel zu oft zu unerfreulichen Störungen kommt?

Deshalb sitzen am Ortseingang von St. Peter-Ording — wegen der Peilerei müssen sie ohnehin einen Wachtörn rund um die Uhr gehen — Postfunker in Tag- und Nachtdiensten am Empfänger und halten ihre Beobachtungen auf allerlei Listen und Tabellen fest, damit bei den Überlegungen, wie der Seefunkverkehr flüssig gehalten werden kann, ständig handfestes Unterlagenmaterial zur Verfügung steht. Dabei ertappen sie natürlich gelegentlich auch ein paar „Verkehrssünder".

Beobachtet wird ebenfalls im Ausland. Verstoßmeldungen von dort sind nicht einmal so selten. Besonders unangenehm also, wenn Sie sogar von dort eine Rüge bekämen. —

Beherzigen Sie deshalb bitte immer das, was Sie hier und im Kursus gelernt haben. Lesen Sie hin und wieder etwas nach, falls Ihnen gelegentlich das eine oder andere infolge mangelnder Praxis entfallen sein sollte. Dann brauchen Sie weder den „Schwarzen Peter" noch eine ausländische Beobachtungsfunkstelle zu fürchten . . .

Einseitiger Sprechfunkverkehr

Wer keine Sendeanlage an Bord hat bzw. wer nur mit einem UKW-Seefunkgerät ausgerüstet ist, kann am „Einseitigen Sprechfunkverkehr" teilnehmen, d. h. er kann Telegramme empfangen, die die betr. Küstenfunkstelle zu bestimmten Zeiten auf Grenzwelle verbreitet.

Norddeich Radio	Kiel Radio
2614 kHz	2775 kHz
UTC	UTC
0810	0640
1310	1240
2010	1740

Die Telegramme werden langsam zum Mitschreiben diktiert und während
der zwei nächsten Sendezeiten wiederholt. Für Schiffe ohne Sendeanlage gilt die dreimalige Übermittlung als zugestellt. Schiffe mit UKW-Anlage müssen eine Bestätigung übermitteln, das kann auf verschiedene
Weise erfolgen: z. B. durch Vermittlung einer Küsten- oder Seefunkstelle
oder auch durch Postkarte.

Für die Teilnahme am „Einseitigen Sprechfunkverkehr" sind einige Voraussetzungen und Formalitäten erforderlich. Zunächst muß ein Empfänger
mit Grenzwellenbereich vorhanden sein. Ferner ist ein Antrag an das
Fernmeldeamt 6 Hamburg zu richten, wobei die Empfängertype mit aufgeführt sein sollte. Sofern es nicht ohnehin im eigenen Interesse geschieht,
erwartet das Fernmeldeamt 6, daß die betr. Programmzeiten regelmäßig
abgehört werden. Auch im Hafen. — Und die Verpflichtung auf das Fernmeldegeheimnis gehört natürlich auch dazu.

Die monatliche Teilnahmegebühr beträgt 2,— DM.

Sammelrufzeichen

Damit Nachrichten über Angelegenheiten des Schiffs- oder Funkbetriebs
gleichzeitig alle in Frage kommenden Seefunkstellen erreichen können,
gibt es sog. Sammelrufzeichen. (Nicht mit Sammelanruf verwechseln!)
Telegramme mit Sammelrufzeichen in der Anschrift werden in den Sammelanrufen angekündigt und zu den Zeiten des einseitigen Sprechfunk-
verkehrs verbreitet. Mit Ausnahme der alle Schiffe einschließenden Sammelrufzeichen — z. B. DAAA — dürfen andere Telegramme nur von den
Seefunkstellen aufgenommen werden, für die das Sammelrufzeichen gilt.

Gebührenberechnung

Wenngleich Sie nach der neuen Prüfungsordnung nicht mehr damit geplagt werden, innerhalb einer halben Stunde schriftlich drei Telegramme zu berechnen, so müssen Sie dennoch *mündlich* über Gebührenfragen einigermaßen Bescheid wissen. Und zwar sowohl bei Telegrammen als auch bei Gesprächen.

Fangen wir mit dem Funktelegramm an

Allgemeines
Ein Telegramm ist eine Schnellnachricht und besteht aus 4 Teilen:
1. *Kopf*   — gebührenfrei
2. *Anschrift*   — gebührenpflichtig
3. *Text*   — gebührenpflichtig
4. *Unterschrift*   — gebührenpflichtig (sie kann fehlen)

Kopf: Seeadler/DFTG nr 1   12/11   23   1015 =
        (Aufgabeort)   (Lfd. Nr.)(Wortzahl) (Datum) (Aufgabeuhrzeit)
Anschrift: Birgit Hermes Schlimbachallee 18 Bremen =
                    (Bestimmungsort ans Ende)
    Text: Ankunft verzoegert abwarte neuen Termin =
Unterschrift: Walter +

Ab 1. Oktober 1977 gelten weltweit neue Regeln für die Wortzählung, und zwar zählen alle Wörter bis zu 10 Schriftzeichen als 1 Gebührenwort.
Sch = 3, ä = ae, ö = oe, ü = ue, ß = ss — je 2 Buchstaben.
Wörter über 10 Schriftzeichen sind 2, wenn über 20 Schriftzeichen 3 Gebührenwörter. Beispiel: voraussichtlicher = 2 Gebührenwörter, weil 17 Buchstaben.

Auch Satzzeichen (Interpunktionen) sind als je 1 Gebührenwort zu berechnen, wenn sie gesetzt werden sollen.

Bei Telegrammen mit Doppelwörtern wird die Wortzahl im Kopf als unechter Bruch ausgedrückt. Zum Beispiel 9/7. Dieses Telegramm hat 7 Wörter die *gezählt* werden, aber darin sind 2 Doppelwörter enthalten, so daß 9 Wörter zu *bezahlen* sind. Somit unterscheidet man tatsächliche Wörter und Gebührenwörter.

Zahlen, Zeichen, gemischte Gruppen und Code gelten ebenfalls bis zu 10 Ziffern, Zeichen bzw. Buchstaben als 1 Gebührenwort.

Zum Beispiel:

HH-UV-6543   = 1 Gebührenwort
DMARK 16,37   = 1 Gebührenwort
KM15873,248   = 2 Gebührenwörter
ERP/49-7/95   = 2 Gebührenwörter
LH1757-737/B = 2 Gebührenwörter

Bis zum 31. 12. 1980 galten im Inland noch Besonderheiten in der Wortzählung, und zwar wurden in der Anschrift der Name des Bestimmungsortes, der Name der Seefunkstelle und der Name der Küstenfunkstelle unabhängig von der Länge als ein Wort gezählt. Ab 1. 1. 1981 gelten auch hierfür die allgemeinen Regeln der Wortzählung, d. h. es werden alle Angaben in der Anschrift jeweils bis zu 10 Schriftzeichen als ein Gebührenwort gezählt. Sind es mehr als 10 Zeichen, aber nicht mehr als 20, dann handelt es sich um ein Doppelwort. Hat das Wort mehr als 20, aber nicht mehr als 30, dann wird die Gebühr für 3 Wörter berechnet ... usw. Sie bemerken, daß diese Neuregelung für Sie Vorteile hat, denn Sie brauchen die Zehnerregel nur auf alle Wörter in Anschrift, Text und Unterschrift anzuwenden und schon stimmt's.

Jetzt noch einige Bemerkungen zur Anschrift.

Fernsprechnummern einschließlich „TF" sind *in der Anschrift* ebenfalls nur 1 Gebührenwort, sofern es nicht mehr als 10 Schriftzeichen sind.

Beispiel: = TF 934785 = Müller Hamburg = insgesamt 3 Wörter.

Wenn ein Telegrammempfänger über eine eingetragene Kurzanschrift verfügt, genügen für die Anschrift 2 Wörter.

Beispiel: = Nautikus Hamburg =

Die Kurzanschrift muß bei der örtlichen Fernmeldedienststelle beantragt werden. Sie ist kostenpflichtig und deshalb nur für Empfänger vieler Telegramme lohnend. Es lassen sich damit ferner besondere Zustellwünsche — z. B. nach Feierabend oder an Wochenenden — regeln.

Bei einem Telegramm von Land nach See ist hinter dem Schiffsnamen (= Bestimmungsort) stets der Name der Küstenfunkstelle hinzuzufügen, über die das Telegramm geleitet werden soll.

Beispiel: = Rüdiger Buttjer Seeadler/DFTG Kielradio =

Gewöhnliche Funktelegramme innerhalb des Inlandes unterliegen keiner Mindestgebühr. Für ein Funktelegramm ins Ausland wird dagegen eine Mindestgebühr für 7 Wörter berechnet. Das gilt folglich auch für Telegramme von Schiffen unter ausländischer Flagge über deutsche Küstenfunkstellen.

Richtung: See — Land

Das Schiff ist der *Aufgabeort:*

Seeadler/DFTG   nr 1   8   20   0945 = usw.

Richtung: Land — See

Das Schiff ist der *Bestimmungsort:*

Kiel nr 1   10/8   20   1535 =

Matthias Kuster *Seeadler/DFTG* Norddeichradio = usw.

Gattungsbezeichnungen — ob ausgeschrieben oder abgekürzt — wie Motoryacht, M/S, TMS, FK usw. gehören *nicht* zum Schiffsnamen. Sie müssen daher — soweit sie (überflüssigerweise) in der Anschrift enthalten sind — extra gezählt und mithin auch extra bezahlt werden.

Gebührenzusammensetzung

Ein Funktelegramm durchläuft auf seinem Übermittlungsweg von der Aufgabe bis zur Aushändigung an den Empfänger 3 verschiedene Beförderungsetappen:

a) Richtung Land—See:

1. Land-(Leitungs-)weg — einschließlich Aufgabe — bis zur Küstenfunkstelle

2. Funkweg von der Küstenfunkstelle bis zum Schiff
3. Aufnahme und Zustellung an Bord

b) Richtung See—Land:
1. Aufgabe und Weiterbeförderung an Bord
2. Funkweg Schiff—Küstenfunkstelle
3. Land-(Leitungs-)weg einschließlich Zustellung

Diese 3 verschiedenen Etappen sind deshalb auch entsprechend ge-
bührentechnisch aufgegliedert. (Gilt analog auch für Funkgespräche):

1. *Land-, Leitungs-* oder *Telegrafengebühr* für die Leistung
   auf dem Festland
   Innerhalb Deutschland pro Wort   = 0,60 DM
2. *Küsten-* oder *Funkgebühr* für die Leistung auf der Küstenfunkstelle. In Deutschland pro Wort   = 0,70 DM
3. *Bordgebühr* für die Leistung bei der Seefunkstelle.
   Diese Gebühr steht demzufolge dem Schiffseigner/
   Reeder zu. Auf deutschen Seefunkstellen pro Wort   = 0,40 DM
   Gesamtgebühr für ein Wort in einem Funktelegramm   = 1,70 DM

Besondere Telegramme

Besondere Telegramme sind durch einen Dienstvermerk, der mitgezählt
und mitbezahlt wird, gekennzeichnet. Nachfolgend die wichtigsten Arten.

1. *Dringende Telegramme*
   Sie erhalten zwischen Kopf und Anschrift den gebührenpflichtigen Vermerk = URGENT =
   Wegen der vorrangigen Behandlung bzw. Übermittlung auf dem Land-
   weg *verdoppelt* sich die *Landgebühr*. Die übrigen Gebührenteile bleiben gleich, weil sich dort die Übermittlung nicht beschleunigen läßt.
   (Siehe Beispiel 3 auf Seite 145). — Ein dringendes Telegramm ist stets
   dann erforderlich, wenn es zwischen 22—06 Uhr per Boten zugestellt
   werden soll, — sofern in dem betr. Zustellort ein derartiger Nacht-
   dienst eingerichtet ist.

2. *Bei Telegrammen mit bezahlter Antwort* muß der Betrag für die Antwort mit angegeben und mit übermittelt werden, damit dem Empfänger
   ein entsprechender Gutschein ausgehändigt werden kann. Der Dienstvermerk lautet = RP . . . DM =
   Zum Beispiel = RP 15.50 DM = 1 Gebührenwort!

(Siehe Beispiel 4 auf Seite 145). Die Höhe der RP-Gebühr setzt der Telegrammabsender fest.

3. *Schmuckblatt-Telegramme*
Der gebührenpflichtige Vermerk lautet hier = LX . . . = mit der betreffenden Bild- Nr.
Zum Beispiel = LX 3 =. Solche Telegramme sind nur in Richtung See-Land zugelassen. Für die Schmuckblatt-Ausfertigung muß zur errechneten Gesamtgebühr noch 2,— DM hinzugefügt werden. Für ein Schmuckblatt in besonderer Ausführung 5,— DM. (Siehe Beispiel 6 auf Seite 146).

4. *Festtags-Funktelegramme*
Dienstvermerk = SF =. Sie sind 21 bis 3 Tage vor Ostern bzw. Pfingsten, Weihnachten, Neujahr und zum Muttertag zugelassen. Der Text muß sich auf das jeweilige Fest beziehen. Sie werden nach Möglichkeit erst zum betreffenden Tag zugestellt.
Während die Telegrafengebühr dem gewöhnlichen Telegramm entspricht (0,60 DM) sind die Küstengebühr auf 0,40 DM und die Bordgebühr auf 0,20 DM ermäßigt. Gesamtgebühr pro Wort also 1,20 DM.
— Als einziger Dienstvermerk ist bei = SF = nur = Lx = zugelassen.

Seit dem 1. 10. 1977 gibt es den Seefunkbrief (= SLT =) im innerdeutschen Verkehr (Bundesrepublik Deutschland und West-Berlin). Der Seefunkbrief ist nur in Richtung See—Land zugelassen und kostet: Bordgebühr 0,40 DM, Küstengebühr 0,55 DM, dazu 0,70 DM Briefporto für den gesamten Brief.

Telegramm-Berechnungsbeispiele

Gewöhnliche Telegramme

1. Seeadler/DFTG   nr 1   11/9   5   1020 =
Heintze   Gemuesemarkt 46   Hannoverherrenhausen =
ist Umzug geregelt? =
                                                Rolf +

Telegramm hat zwei Doppelwörter, und zwar Hannoverherrenhausen und Gemuesemarkt. Fragezeichen (Interpunktion) = 1 Wort.

Gebühren:

Landgebühr	11 x 0,60 DM	=	6,60 DM
Küstengebühr	11 x 0,70 DM	=	7,70 DM
Bordgebühr	11 x 0,40 DM	=	4,40 DM
Gesamtgebühr			18,70 DM

2. Seeadler/DFTG   nr 2   10/8   5   1115 =
TF 861345 = Grothaus Bremerhaven =
Propellerschaden stop KWTPD   524/83 =
Kopf +

Telegramm enthält zwei Doppelwörter: Bremerhaven, Propellerschaden

Gebühren:

Landgebühr	10 x 0,60 DM	=	6,00 DM
Küstengebühr	10 x 0,70 DM	=	7,00 DM
Bordgebühr	10 x 0,40 DM	=	4,00 DM
Gesamtgebühr			17,00 DM

Besondere Telegramme

3. Seeadler/DFTG   nr 1   14/9   6   0930 =
= URGENT = Gehlsen   Aufderhoehe 24   Hamburgblankenese =
sofort Einkommensteuererklaerung veranlassen =
Karl +

Telegramm enthält 3 Doppelwörter und 1 Dreifachwort. Der mitzu-
zählende und mitzubezahlende Dienstvermerk = Urgent = verdoppelt die Landgebühr.

Gebühren:

Landgebühr:	14 x 1,20 DM	=	16,80 DM
Küstengebühr	14 x 0,70 DM	=	9,80 DM
Bordgebühr	14 x 0,40 DM	=	5,60 DM
Gesamtgebühr			32,20 DM

4. Seeadler/DFTG   nr 2   14/11   6   1250 =
RP 20,00 DM = Metzner Paulhoffmeisterstr 143/3/r Koeln =
mitteile Untersuchungsergebnis stop anzahle 4500,— =
Hanspeter +

Telegramm enthält 1 Doppelwort und 1 Dreifachwort (Straßenname —
Doppelwort; Untersuchungsergebnis — Dreifachwort, weil 21 Buchstaben.

Gebühren:

Landgebühr	14 x 0,60 DM =	8,40 DM
Küstengebühr	14 x 0,70 DM =	9,80 DM
Bordgebühr	14 x 0,40 DM =	5,60 DM
RP	=	20,— DM
Gesamtgebühr		43,80 DM

5. Seeadler/DFTG   nr 1   24/22   7   1520 =
SLT = Leonore Busch   Alter Steindamm 45   Minden/Westf. =
Herzlichen Glueckwunsch zum Geburtstag und weiterhin
alles Gute werden 12. in Bremen einlaufen =

Dein Werner +

Telegramm enthält zwei Doppelwörter: Minden/Westf., Glueckwunsch.

Gebühren:

Briefgebühr		0,60 DM
Küstengebühr	24 x 0,70 DM =	16,80 DM
Bordgebühr	24 x 0,40 DM =	9,60 DM
Gesamtgebühr		27,00 DM

6. Seeadler/DFTG   nr 2   12/11   8   1428 =
SF = LX A = Gerda Graf   Eichenhain   Hofheimkreisbuchen =
zum Muttertag alles Gute =

Kurt +

Telegramm enthält 1 Doppelwort: Hofheimkreisbuchen.

Die beiden Dienstvermerke werden getrennt gezählt und berechnet.
LX mit einem Kennbuchstaben kosten wegen der besonderen Druck-
ausführung 5,— DM.

Gebühren:

Landgebühr	12 x 0,60 DM =	7,20 DM
Küstengebühr	12 x 0,40 DM =	4,80 DM
Bordgebühr	12 x 0,20 DM =	2,40 DM
LX	=	5,00 DM
Gesamtgebühr		19,40 DM

Übungstelegramme

Wenn Sie den Gebühren-Abschnitt eingehend durchgearbeitet haben, müßten Sie in der Lage sein, Telegramme richtig zu berechnen. An einem Dutzend Beispielen können Sie Ihre Kenntnisse testen. Es macht nichts, wenn Sie häufiger nachschlagen müssen oder die betr. Seiten aufgeschlagen neben sich legen, nachdem Sie die Übungstelegramme abgeschrieben haben. Auch das übt schließlich.

Gewöhnen Sie sich an, *immer zuerst alle Wörter* bis hin zur Unterschrift *durchzuzählen* und notieren Sie die Zählwörter im Telegrammkopf. *Erst dann untersuchen Sie* das Telegramm noch einmal von Anfang bis Ende daraufhin, ob evtl. Doppelwörter darin enthalten sein könnten. Denn wenn Sie jedes Ihnen verdächtige Wort gleich untersuchen wollen, vergessen Sie nur allzuleicht, wieviel Wörter Sie bis dahin gezählt haben.

Verwenden Sie die Telegramme auch dazu, um die Übermittlung bzw. um die Aufnahme zu trainieren.

Die Lösungen finden Sie auf Seite 190—192.

1. Seeadler/DFTG   nr 1   21   1015 =
   Hanseatenreeder Hamburg =
   ETA 1930 Holtenau QCVKG   576/8 =

                                            Kapitän +

2. Seeadler/DFTG   nr 2   21   1108 =
   Meinicke Charlesrossring 83 Flensburg =
   Abreise verzögert. 2500DM überwiesen =

                                            Bernhard +

3. Seeadler/DFTG   nr 3   21   1127 =
   Schultz Stmichaelispl 47/2/r Lübecktravemünde =
   Mitfahrt genehmigt Holtenau 211930   +

4. Seeadler/DFTG   nr 4   21   1315 =
   TF 924758 = Meyer Emden =
   HRGNL +

5. Seeadler/DFTG   nr 5   21   1538 =
   Mechthild Keller Gorch Fockweg 26 Pinneberg =
   Ankunft Altona 23.47 =

                                            Günther +

6. Seeadler/DFTG nr 1 22   0714 =
   Klotzwerke Essen =
   Leistungsmesser ausgefallen stop UHRTY BQIGJ 47359 ZVMPS
   NDFK-86 Übergabeprotokoll vorbereiten =

   Conrad +

7. Seeadler/DFTG   nr 2 22   0940 =
   TF 364722 = Häberle Stuttgart =
   Anfertiget neun KX/427 spezial zwoelf ZJ-831
   Sonderpreisangebot =

   Haußmann +

8. Seeadler/DFTG   nr 3 22   1137 =
   Sylvia Beermans Anderpferdekoppel Gardingkreiseiderstedt =
   Abmustere nächste Reise, habe Angebot als Koch auf Tanker
   Schleswigholstein angenommen =

   Gruß Okke +

9. Seeadler/DFTG   nr 4 .... 22 1224 =
   Urgent = Möbelmahncke Lärchenstr 57 Lauenburg/Elbe =
   Annulliere Polstergarniturbestellung wegen Fristüberschreitung =

   Wulff +

10. Seeadler/DFTG   nr 5 22   1350 =
    RP 25,00 DM = Manrowsky Wernervonsiemensstr 148/1/r
    Mönchengladbach =
    Erbitte Prüfbericht K-4/P stop hast Du Urlaubsquartier
    Garmischpartenkirchen bestellt? =

    Horst +

11. Seeadler/DFTG   nr 1 23   1015 =
    LX 4 = Monika Schachtmayer Amgroßenwald 30
    Neustadt/Weinstraße =
    Herzlichen Glückwunsch und weiterhin Gesundheit =

    Jochen +

12. Seeadler/DFTG   nr 2 23   1618 =
    SF = Gerdalouise Kuntze Großeziegelstr 4
    Bühlenhausen/Donau =
    Herzliche Muttertagsgrüße von See =

    Dein Pit +

Seefunkgespräche

Funkgesprächsgebühren hängen von der Dauer und von dem Wellen-
bereich ab, auf dem das Gespräch durchgeführt wird. Da alle Seefunkgespräche grundsätzlich „handvermittelt" werden, unterliegen sie einer
Mindestgebühr von 3 Minuten. Jede weitere Minute kostet ein Drittel der
jeweiligen Mindestgebühr. Angebrochene Minuten werden auf volle aufgerundet.
Bei Gesprächen im Seefunkdienst gibt es im Inland keine nach Entfernung
gestaffelten Fernsprech- oder Leitungsgebühren. Es ist also gleichgültig,
ob Sie z. B. über Kiel Radio nach Holtenau oder nach Berchtesgaden
telefonieren; die Gebühr ist dieselbe.

1. *auf Grenzwelle*

Fernsprech- oder Leitungsgebühr	= 3,— DM
Küstengebühr	= 6,— DM
Bordgebühr	= 4,50 DM
Gesamtgebühr 3 Minuten	= 13,50 DM

2. *auf Kurzwelle*

Fernsprech- oder Leitungsgebühr	= 3,— DM
Küstengebühr	= 18,— DM
Bordgebühr	= 6,— DM
Gesamtgebühr 3 Minuten	= 27,— DM

Bei Gesprächen, die über ausländische Küstenfunkstellen geführt werden, sind ab 1. 1. 1981 folgende Bordgebühren anzusetzen: 4,50 Gfr für
3 Minuten bei Funkgesprächen auf Grenzwelle und 6,00 Gfr für 3 Minuten
bei Funkgesprächen auf Kurzwelle. Bei UKW-Gesprächen über ausländische Küstenfunkstellen entfällt die Bordgebühr.

3. *Ultrakurzwelle*

Fernsprech- oder Leitungsgebühr	= 1,80 DM
Küstengebühr	= 4,50 DM
Gesamtgebühr 3 Minuten	= 6,30 DM

Zusatz: Bei UKW-Gesprächen Schiff—Land kann an Bord für die Inan-
spruchnahme der Seefunkstelle eine Bordgebühr geltend gemacht und
eingezogen werden, die höchstens 1,20 DM für ein 3-Minuten-Gespräch
betragen darf.

Die auf dem inländischen Festland gewährten Ermäßigungen während der Abend- und Nachtstunden sowie an Wochenenden und Feiertagen gelten für Seefunkgespräche nicht. Für Gespräche ins Ausland gelten als Leitungsgebühren die entsprechenden Auslandtarife. V-, XP- und R-Seefunkgespräche sind für deutsche Seefunkstellen im Inlandsverkehr (Bundesrepublik Deutschland) nicht zugelassen. Nähere Auskünfte über Auslandsgebühren und zugelassene Gesprächsarten erteilen Ihnen aber gerne die deutschen Küstenfunkstellen.

Gebührenabrechnung

Über alle eingehenden und abgehenden Funktelegramme und Funkgespräche sind zumindest auf Schiffen, die einer Abrechnungsgesellschaft angehören — z. B. Debeg oder Hagenuk — monatliche Nachweise zu führen. Auch sie unterliegen naturgemäß den Geheimhaltungsbestimmungen.

Selbstabrechner

Wer direkt mit der Post abrechnet, kann sich durchweg auf die Abgabe der Funktagebuchblätter an das Fernmeldeamt 6 beschränken. Und wer kein Funktagebuch zu führen braucht, hat nicht einmal das nötig. Abrechnungsnachweise werden nicht verlangt. Es sei denn vom Reeder bzw. Eigner.
Die Bundespost kommt auch so zu Ihrem/ihrem Geld.
Sie fordert die ihr zustehenden Gebühren und diejenigen, die im Verkehr mit ausländischen Küstenfunkstellen entstanden sind, über die monatliche Fernmelderechnung mit an. Die Post erteilt darin auch Gutschriften über die Bordgebühren bei Funktelegrammen oder -gesprächen in Richtung Land — See.
In Richtung See — Land kann die Bordgebühr — soweit sie überhaupt vom Schiffseigner beansprucht wird — natürlich sogleich einbehalten werden.
Wenn Sie Funkverkehr über ausländische Küstenfunkstellen abwickeln, werden Ihnen die dortigen Gebühren nicht in der jeweiligen Landeswährung, sondern in Goldfranken bzw. Centimes angegeben. (1 GFr = (Stand Mai 1981). Er kann sich jedoch auf Grund währungspolitischer Maßnahmen — Auf- bzw. Abwertung — ändern. Eine Umrechnungstabelle enthält das Handbuch Seefunk am Ende der Anlage 21.

Für Bordgebühren bei Telegrammen werden im allgemeinen 40 Centimes pro Wert berechnet.

Ab 1. 1. 1982 ist im Verkehr mit Küstenfunkstellen stets anzugeben, über welche Abrechnungsgesellschaft die anfallenden Gebühren abgerechnet werden sollen. An Stelle der Angabe der Abrechnungsgesellschaft werden sogenannte Abrechnungskennungen benutzt. Sie lauten:

Dp 01 = Deutsche Bundespost (Selbstabrechner),

Dp 02 = Debeg

Dp 03 = Hagenuk

Die Abrechnungskennung ist bei der Anmeldung von Gesprächen unaufgefordert anzugeben. Bei einer Telegrammübermittlung wird die Kennung am Ende des Telegrammkopfes eingesetzt, z. B. Uhrzeit Dp 01 =

Technik

Ganz ohne Technik geht es nicht

Doch keine Angst! Die Anforderungen für den technischen Teil sind nicht hoch. Sie brauchen weder ein Meßinstrument noch einen Lötkolben in die Hand zu nehmen.

Die Prüfungsbedingungen lauten lediglich:

"Kenntnis *einfacher* Grundsätze der Sprechfunkverfahren und der Arbeitsweise der Sprechfunkgeräte sowie Kenntnis der Wartungsvorschriften für die Stromversorgung und tragbare Funkgeräte für Rettungsboote und -flöße."

Deshalb im Vertrauen: Was Sie auf den nachfolgenden Seiten finden, geht vielfach über das Prüfungswissen hinaus. Aber da Sie vielleicht nicht nur für die Prüfung lernen wollen, sondern sich auch für die etwas weitergehenden Dinge interessieren, meinten wir, die Schilderung einiger Zusammenhänge könne nicht schaden. Insbesondere, wenn Sie auf See sind und irgend etwas nicht so funktioniert, wie es soll, könnten Ihnen die technischen Erklärungen evtl. bedeutsame Fingerzeige geben, — sofern Sie dieses Buch nicht zu Hause in der Schublade haben liegen lassen.

● Grundbegriffe

Wechselspannung — Gleichspannung

Pendelt eine elektrische Spannung zwischen positiven und negativen Werten hin und her, wechselt sie also fortwährend ihre Richtung, spricht man von Wechselspannung. Folglich kann sie keinen konstanten Plus- oder Minuspol haben.

Ändert eine elektrische Spannung dagegen nicht ihre Richtung, wie z. B. bei der Taschenlampenbatterie oder beim Akku, so daß die Spannungswerte stets gleich bleiben, handelt es sich um Gleichspannung. Die Pole + und — bleiben unverändert.

Spannung — Strom

Sagen Sie bitte nicht so überzeugt, Sie hätten zu Hause *Wechselstrom!*
Nachmittags zum Beispiel, wenn der E-Herd wieder in strahlender Sauberkeit untätig dasteht, wenn Sie noch kein Fernsehprogramm reizt und auch sonst keines Ihrer zahlreichen Elektrogeräte eingeschaltet ist und Sie sich behaglich im Sessel räkeln, ist Ihre Wohnung stromlos!
Was Sie haben, ist *Wechselspannung* — und die natürlich in ständiger Bereitschaft an jedem Schalter und in jeder Steckdose. Lassen Sie sich deshalb nicht von dem „stromlosen" Zustand täuschen. Seien Sie trotzdem *jederzeit* im Umgang mit elektrischen Anschlüssen und Leitungen entsprechend vorsichtig!
Spannung und Strom sind demnach zwei unterschiedliche Begriffe.
Spannung ist der „elektrische Druckzustand". Die Maßeinheit ist Volt (V).
Strom ist die *fließende* Elektrizitätsmenge. Sie ist also erst vorhanden, wenn die Hausfrau nach der Nachmittagslektüre die Kaffeemühle einschaltet. Schaltet sie danach den Schnellkocher ein, fließt wiederum Strom, jedoch wesentlich mehr als bei der Kaffeemühle. Den Unterschied bewirkt der jeweilige elektrische Widerstand, durch den sich der Strom hindurchzwängen muß. Die Maßeinheit für Strom ist Ampere (A).

Widerstand — Leistung — Sicherung

Ist der Widerstand groß, fließt wenig Strom, ist der Widerstand klein, fließt viel Strom. Am meisten bei Kurzschluß, wenn überhaupt kein Verbrauchswiderstand dazwischengeschaltet ist. Diese große Strommenge kann für die Leitungen recht gefährlich werden, sie können zerschmelzen und Brandgefahr herbeiführen. Deshalb schützt man sie. Mit Sicherungen. Sobald zuviel Strom fließt, „knallen" sie durch. Beim Sicherungsautomaten fliegt die Kontaktbrücke raus.
Nun verstehen Sie sicher auch, warum Sie für die Kaffeemühle mit einer relativ dünnen Zuleitung auskommen, für den mobilen Schnellkocher dagegen eine mit wesentlich größerem Querschnitt und besserer Isolierung benötigen und daß bei gleichlangem Betrieb der Kocher die Stromrechnung weit mehr in die Höhe treibt als die schnurrende Kaffeemühle.
Wenn Sie eine durchgebrannte Schmelzsicherung auswechseln; achten Sie trotz der genormten äußeren Form stets auf die Spannungs- und Stromwerte. Sie sind auf jeder Sicherung an einem Ende im Metall ein-

geprägt. Diese Werte müssen mit den Bezeichnungen an der Sicherungs-
halterung übereinstimmen und dürfen niemals größer sein!

Daß Sie keine Sicherung „flicken" dürfen, sondern stets genügend Re-
serve-Sicherungen aller in Frage kommenden Werte parat liegen haben
sollten, ist sicher eine überflüssige Anmerkung, nicht wahr?

Volt mal Ampere ergeben die Leistung. Die Maßeinheit ist das Watt bzw.
Kilowatt (W bzw. kW). Auf diese Multiplikation ist Ihr Stromzähler ge-
trimmt.

Von den verwickelteren Widerstandsverhältnissen beim Wechselstrom,
wenn auch noch Induktion (Spulen) und Kapazität (Kondensatoren) mit im
Spiele sind, können wir hier absehen. Sie zählen erst recht nicht mehr
zu den einfachen technischen Grundsätzen.

Elektrische Schwingungen

Im zeitlichen Ablauf gesehen vollzieht sich das Hin- und Herschwingen
einer Wechselspannung bzw. eines Wechselstroms in Form von Schwingungen. Das sieht folgendermaßen aus.

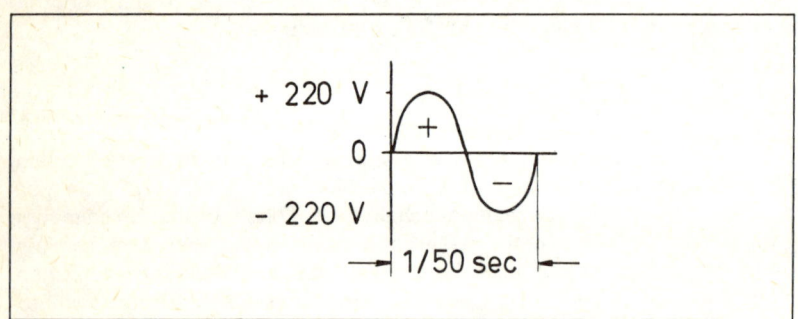

Abb. 18   Schwingung

Die größte Schwingungsweite, die Entfernung des obersten bzw. des untersten Schwingungspunktes von der Null-Linie heißt „Amplitude".

Wenn Sie sich bei der Skizze am oberen Skalenende den Wert plus 220
V und am unteren minus 220 vorstellen und sich noch weitere 49 Schwingungen hinzudenken, die innerhalb einer Sekunde auftreten, beherrschen
Sie einen weiteren wichtigen theoretischen Teil Ihrer häuslichen — technischen — Wechselspannung.

Sie ändert in der Tat 50 mal in der Sekunde ihre Richtung, geht also insgesamt 100 mal durch den Null-Wert, wo überhaupt keine Spannung vorhanden ist und demzufolge auch kein Strom fließen kann.

Doch diese Augenblicke sind so kurz, daß sie sich z. B. weder auf die Trägheit des Wolframdrahtes in der Glühlampe, noch auf das Leuchtgas in der Neonröhre auswirken können.

Der Schein trügt also im wahrsten Sinne: trotz der gleichmäßigen Helligkeit ist es Wechselstrom und kein Gleichstrom, der durch Ihre Hausbeleuchtung fließt. Denn wenn die Spannung fortwährend ihre Richtung und Werte wechselt, muß der fließende Strom das zwangsläufig mitmachen.

Frequenz — Hertz — Kilohertz

Die Schwingungshäufigkeit bezeichnet man mit „Frequenz". Die Maßeinheit ist Hertz (Hz) — mit „tz" bitte! — bzw. Kilohertz (kHz) und Megahertz = 1 000 kHz (MHz).

1 Hz = 1 Schwingung pro Sekunde. Die technische Wechselspannung hat demnach 50 Hz.

Funkfrequenz = Hochfrequenz

Ein Funkgerät, das z. B. auf 2182 kHz, auf der internationalen Seenot- und Anrufwelle, strahlt, sendet pro Sekunde 2 182 000 elektromagnetische Schwingungen aus. Deshalb auch die Sammelbezeichnung „Hochfrequenz" (HF).

Die Schwingungen der elektromagnetischen Hochfrequenz breiten sich mit einer Geschwindigkeit von 300 000 km pro Sekunde aus (Lichtgeschwindigkeit). Somit ist es möglich, die Länge einer HF-Schwingung, die Wellenlänge, zu berechnen:

$$\frac{300\,000}{kHz} = \text{Wellenlänge (in Metern)}$$

Je höher die Frequenz, desto kürzer die Welle und umgekehrt.

Die Wellenbezeichnung in Metern ist jedoch kaum noch üblich. Eine Funkwelle wird so gut wie ausschließlich nach ihrer Frequenz in kHz bzw. MHz angegeben.

Sprache = Niederfrequenz

Töne, Sprache, Musik usw. sind auch nichts weiter als Schwingungen. Allerdings keine elektrischen, sondern akustische. Der Sprechbereich umfaßt die Schallschwingungen von ca. 300—3000 Hz. Gesang und darüber hinaus erst recht Musikinstrumente erreichen ca. 15—20000 Hz. Dennoch sind diese Schwingungszahlen im Vergleich zur HF recht niedrig. Deshalb auch: „Niederfrequenz" (NF).

Wellenbereiche

Wenngleich es, wie betont, unüblich ist, die einzelnen Sendewellen metrisch anzugeben, gelten für die einzelnen Wellenbereiche dennoch nach wie vor die nach Längen gestaffelten Bezeichnungen:

Langwellen	100 — ca.	300 kHz =	(1000 — 3000 m)
Mittelwellen	300 —	1605 kHz =	(186 — 1000 m)
Grenzwellen	1605 —	3800 kHz =	(80 — 186 m)
Kurzwellen	3800 kHz —	30 MHz =	(10 — 80 m)
Ultrakurzwellen	über 30 MHz	=	(unter 10 m)

Mit Ausnahme der Grenzwellen haben die obigen Wellenbereiche eigene charakteristische Ausbreitungseigenschaften.

1. *Langwellen* (zwischen 1000—3000 m)

   Ausbreitung so gut wie ausschließlich durch die relativ weit der Erdkrümmung folgenden Bodenwelle. Tag und nachts ziemlich konstant.

2. *Mittelwellen* (zwischen 186—1000 m)

   Ausbreitung tagsüber durch Bodenwellen, die aber nachts in Verbindung mit einem gewissen Raumwellenanteil erheblich weiter reichen. Beim Zusammentreffen von Boden- und Raumwellen eines Senders können im Empfänger Schwunderscheinungen (Fading) auftreten.

3. *Kurzwellen* (zwischen 10—80 m)

   Ausbreitung ausschließlich durch Raumwellen, die durch Spiegelungen in der Ionosphäre (Heaviside-Schicht) um die ganze Erde gelangen können, wobei es zwischendurch auch „tote" Zonen geben kann. Für die jeweiligen Tages- bzw. Jahreszeiten müssen entspr. unterschiedliche Kurzwellenfrequenzen gewählt werden.

4. *Ultrakurzwellen* (unter 10 m)

Von der Tageszeit unabhängige, völlig geradlinige Ausbreitung wie das Licht. Keine Spiegelungen bzw. Reflexionen an der Heaviside-Schicht. Auf der Erde deshalb nur „quasi-optische" Reichweite. Wegen der geradlinigen Ausbreitung aber andererseits ideale Voraussetzungen für Nachrichtenübermittlungen bei Weltraumexpeditionen.

5. *Grenzwellen* (zwischen 80—186 m)

Sie haben keine eigene Ausbreitungscharakteristik.

Im unteren Bereich, wo sie an die Mittelwellen „grenzen", haben sie überwiegend deren Eigenschaften. Im oberen „Grenzbereich" hingegen weitgehend die der Kurzwellen.

Da die beste Abstrahlungsleistung erreicht wird, wenn die Länge der Sendeantenne $1/4$ der Wellenlänge entspricht — bei Grenzwellen also zwischen 20—46 Metern —, können Sie sich leicht ausrechnen, mit welchen Kompromissen Sie sich auf einem kleinen Schiff abfinden müssen.

Stromversorgung

Auf ausrüstungspflichtigen Schiffen muß eine Haupt- und Notstromversorgung vorhanden sein.

Die Hauptstromversorgung übernimmt ein von der Schiffsmaschine angetriebener *Generator*. Der Strom gelangt über einen Stationshauptschalter direkt zur Funkanlage.

Für den Notstrom sorgt im allgemeinen ein 24-Volt-*Bleisammler*, auch Akkumulator bzw. „*Akku*" genannt. Er ist in einem Schutzkasten auf dem Peildeck untergebracht. Er liefert grundsätzlich Gleichstrom.

Die für die Funkanlage benötigten wesentlich höheren Spannungswerte erzeugt der Akku im allgemeinen in Verbindung mit einem Ankerumformer.

Die voranschreitende „Transistorisierung" der Funkanlagen gestattet wegen des damit verbundenen verringerten Leistungsbedarfs jedoch in zunehmendem Umfang, auf den pflegebedürftigen und relativ lauten Anker-Umformer zu verzichten und dafür einen vollelektronischen (Thyristor-) Wechselrichter zu verwenden. Dieser ist nicht nur absolut pflegefrei, sondern er bringt die Gleichspannung zudem auch noch äußerst geräuscharm in einen transformierbaren Zustand.

Für die Ladung der jeweiligen Gleichstrombatterie ist ein entspr. dimensionierter Ladegenerator erforderlich.

Bleisammler/Akku

Der übliche Akku besteht aus Zellen, in denen sich Bleiplatten und verdünnte Schwefelsäure befinden. *Er liefert erst Strom (Gleichstrom), wenn er aufgeladen worden ist.* Jede Zelle hat unabhängig ihrer Größe eine Gleichspannung von 2 Volt. Die Größe einer Zelle wirkt sich lediglich auf die Strommenge (Kapazität) eines Akkus aus. (Diese „Kapazität" hat nichts mit der eines Kondensators zu tun).

Um eine höhere Spannung zu erzielen, sind mehrere Batteriezellen hintereinandergeschaltet: Der Pluspol der einen Zelle mit dem Minuspol der nächsten. Dadurch addieren sich die Zellenspannungen. 3 Zellen ergeben demnach 6 Volt. Um 24 Volt zu erhalten, sind wiederum vier 6-Volt-Akkus hintereinanderzuschalten.

Da ein Akku sich mit der Zeit auch von selbst entlädt, müssen Sie ihn regelmäßig nachladen. Den Ladezustand können Sie mit einem Säureheber feststellen. Bei einer gut geladenen Zelle taucht der Schwimmer bis zum Wert 1,28 ein. Sinkt er tiefer als 1,24 ist sofortiges Nachladen fällig.

Seien Sie beim Hantieren mit dem Säureheber recht vorsichtig. Jeder Spritzer auf Ihrem Anzug — Sie können spülen, soviel Sie wollen — zerfrißt das Gewebe!

Prüfen, ob der Akku noch ausreichend geladen ist, können Sie auch mit dem Spannungsmesser. Aber nicht einfach auf den Knopf drücken und ablesen, sondern unter Belastung, d. h. mit eingeschaltetem Verbraucher (Sender/Empfänger). Falls die Spannung dann „in die Knie" geht, ist es ebenfalls für das Nachladen höchste Zeit.

Die Bleiplatten müssen stets von der Säure bedeckt sein. Sonst bitte unverzüglich destilliertes Wasser nachfüllen, denn nur das ist entwichen. *Achtung!* Treten Sie *niemals* an den Akku *mit offenem Feuer* oder auch nur mit brennender Zigarette, Zigarre, Pfeife usw. heran! Eine Knallgasexplosion kann *lebensgefährlich* werden!

Schützen Sie die breiten Verbindungsbleibänder zwischen den Zellen und die Kontakte der Akkus mit säurefreiem Fett vor Korrosion. „Blumenkohl" an den Kontakten zeugt von schlechter Pflege!

Die Leistungsmenge bzw. Kapazität eines Akkus wird in Amperestunden (Ah) gemessen. Zum Beispiel bedeuten 60 Ah, daß entweder 10 Stunden 6 Ampere, 15 Stunden 4 Ampere oder 20 Stunden 3 Ampere usw. entnommen werden können.

Trockenbatterien

Trockenbatterien liefern nur geringen Strom. Ein leistungsfähiger **Sender** läßt sich damit nicht betreiben. Sehr gut und lange dagegen transistorisierte Empfänger. Sie haben einen äußerst geringen Strombedarf. Trockenbatterien liefern bekanntlich sofort (Gleich-) Strom. Andererseits sind sie nach Verbrauch nicht mehr regenerierbar und nicht aufladefähig. Sie müssen durch neue, aber nicht zu lange gelagerte, ersetzt werden.

Anker-Umformer

Ein Anker-Umformer besteht aus 2 Teilen:
1. aus einem 24-Volt-Gleichstrom-Motor, der
2. auf einer gemeinsamen Achse einen Wechselstrom-Generator (Dynamo) — z. B. 220 Volt — antreibt.

Er formt also nur indirekt Gleichspannung in Wechselspannung bzw. Gleichstrom in Wechselstrom um.

Wechselspannung ist nötig, weil nur sie sich auf die erforderlichen ver-

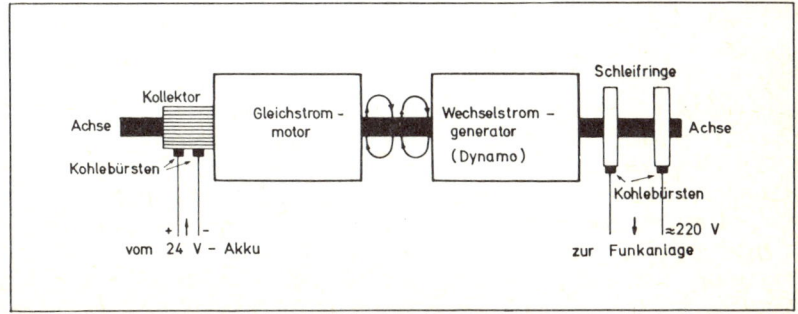

Abb. 19   Anker-Umformer

schiedenen hohen Werte transformieren läßt. Mittels Gleichrichter ist es dann möglich, entspr. hohe Gleichspannungen zu erzielen.

Die Zuführung aus dem 24-Volt-Akku für den Gleichstrom-Motor erfolgt über einen Kollektor, die Abnahme vom 220-Volt-Wechselstrom-Generator über 2 Schleifringe. An Kollektor und Schleifringe sind Kohlebürsten angedrückt. Damit störende Funkenbildungen vermieden werden, müssen Sie die Kollektoren und Schleifringe von Zeit zu Zeit säubern, evtl. mit sehr feinem speziellen Kollektorpapier sorgfältig abschmirgeln. Beobachten Sie ferner den Abnutzungsgrad der Kohlebürsten und ob die Schlitze des Umformergehäuses für die Luftkühlung nicht durch Staub und Schmutz eingeengt oder gar zugestopft sind!

● Sender-Technik

Jeder Funksender hat gewissermaßen eine Transportaufgabe zu erfüllen. Ein Telefoniesender soll speziell Sprache befördern.
Dazu braucht man einen

Träger

So wird die Trägerfrequenz bzw. die Trägerwelle kurz in der Praxis bezeichnet. Es ist die Grundschwingung eines strahlenden Senders. Zum Beispiel 2182 kHz = 2 182 000 Schwingungen pro Sekunde!
Wegen der hohen Schwingungszahlen gegenüber den wesentlich niedrigeren bei Sprache und Musik spricht man hier von „Hochfrequenz", — aber das wissen Sie ja schon, nicht wahr?

Quarz

Erzeugt werden die hochfrequenten Trägerschwingungen im allgemeinen von einem Quarz.
Der Quarz ist ein Gestein mit besonderen elektrischen Eigenschaften. Wenn man ihn planparallel schleift und an die Flächen eine Spannung legt, schwingt er mit höchster Präzision in seiner Eigenfrequenz.
Die Eigenfrequenz hängt von der Stärke des plangeschliffenen Quarzes ab. Je dicker, desto langsamer, je dünner, desto schneller. *Es ist daher für jede Sendefrequenz ein eigener Quarz erforderlich!*
Im Unterschied zum Seefunkempfänger, den Sie innerhalb der Skalenbereiche auf jede Frequenz abstimmen können, ist ein Seefunksender nur auf die Frequenzen abstimmbar, für die Quarze vorhanden sind.

Die vom Quarz erzeugten hochfrequenten Trägerschwingungen sind nur sehr schwach. Mit stufenweiser Verstärkung aber ist es kein Problem, sie auf die benötigten Leistungswerte zu bringen.

Mittlerweile ist allerdings auch der Quarz nicht mehr der Funktechnik letzter Schrei. Aus der Satellitenentwicklung ging der „Frequenz-Synthesizer" hervor: aus einem gewollten Frequenzmischmasch filtert man exakt diejenigen heraus, die man braucht. — Aber das können Sie wieder vergessen, auf der Prüfung plagt Sie niemand damit!

Modulation

Modulation ist das, was transportiert, also das „Gepäck", das den Amplituden des Trägers „aufgedrückt" werden soll. Diese Modulationsart heißt deshalb

Amplitudenmodulation (A . .)

Es bedeuten:

A 1 = Telegrafie ohne Modulation

A 2 = Telegrafie mit einem Ton oder mehreren Tönen moduliert

A 3 = Träger mit Sprache, Musik usw. moduliert. (Siehe Abb. 21, oberer Teil).

Sofern ein GW-Sprechfunksender auch für Telegrafie vorgesehen ist, muß er im Telefoniebetrieb immer auf A3H bzw. H3E (2182 kHz) oder A3J bzw. J3E (Arbeitsfrequenzen) geschaltet sein!

Frequenzmodulation (F . .)

Man kann nicht nur die Amplituden von hochfrequenten Schwingungen zwingen, sich im Sprechrhythmus zu ändern. Ein Telefoniesender läßt sich auch modulieren, indem man seine Hochfrequenzschwingungen im Takte der Sprachfrequenz schwanken läßt. Bei höheren Tönen wird die Sendefrequenz also schneller, bei tiefen entspr. langsamer. Die Amplituden bleiben gleich. Während sich die Amplitudenmodulation somit gewissermaßen in der vertikalen Richtung auswirkt, vollzieht sich die Frequenzmodulation in der Horizontalen.

Da vor allem atmosphärische Störungen die Hochfrequenz-Amplituden beeinflussen, sind z. B. Gewitterentladungen bei Frequenzmodulation gar nicht wahrnehmbar. Vermutlich haben Sie das schon längst selbst beim UKW-Rundfunkempfang festgestellt. Auch im UKW-Seefunkdienst wird daher ausschließlich Frequenzmodulation angewendet (F3). Die Kennzahlen entsprechen in etwa denen der Amplitudenmodulation.

Damit Sie den elektromagnetischen Schwingungen des Trägers Ihre Sprache aufbürden können, müssen Sie sie zunächst erst einmal „transportgerecht" aufbereiten: Es müssen Ihre akustischen Sprachschwingungen (Schallschwingungen) in *elektrische* Schwingungen umgewandelt werden. Dazu dient das

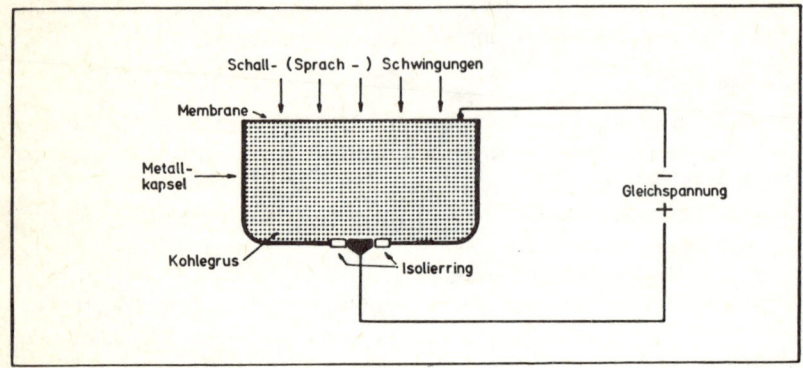

Abb. 20   Mikrofon

Mikrofon

Es ist im Seefunk meistens dasselbe, das Sie zu Hause im Telefon haben: Eine Metallkapsel, die feinen Kohlegrus enthält. Die Kapsel ist durch eine sehr dünne Folie (Membrane) verschlossen. Kapsel und Membrane befinden sich in der unteren Halterung des schwarzen Handapparates und sind über die Anschlußschnur mit einer Gleichstromquelle verbunden. Sobald Schallschwingungen auf die Membrane gelangen, fängt diese im gleichen Rhythmus an zu schwingen und drückt den Kohlegrus mehr oder minder stark und schnell zusammen.

Hierbei ändert sich der Kontaktwiderstand der stromleitenden winzigkleinen Kohlegruskörner zueinander, so daß auch der durchfließende Gleichstrom sich zwangsläufig im gleichen Sprachrhythmus ändert.

Damit ist die Umwandlung der akustischen Sprechschwingungen in elektrische Schwingungen vollzogen. Der Techniker spricht hierbei von einem „pulsierenden Gleichstrom".

Das Telefonmikrofon ist allerdings nur innerhalb der normalen Sprach-schwingungen von ca. 300—3000 Hz verwendbar. Für höhere Töne, etwa für eine Arie von Rudolf Schock oder gar von Anneliese Rothenberger und erst recht für Musikinstrumente, ist es zu träge. Es würde solche Töne nur sehr verzerrt umwandeln.

Sender — Senderstufen

Die Arbeitsweise eines Senders geht stufenweise vor sich. Die (Ver-stärker-) Stufen sind über sog. Schwingungskreise, bestehend aus Spule und Kondensator, elektrisch aneinandergekoppelt. Wegen der unter-schiedlichen Schwingungswerte ist für jede Frequenz die betr. Ankop-pelung gem. der dafür eingetragenen — für jede Seefunkstelle nach dem Einbau individuell zu ermittelnden — Angaben auf der Senderabstimm-tabelle vorzunehmen. Für die Verstärkung in den Senderstufen sorgen bisher zumeist immer noch Elektronenröhren.

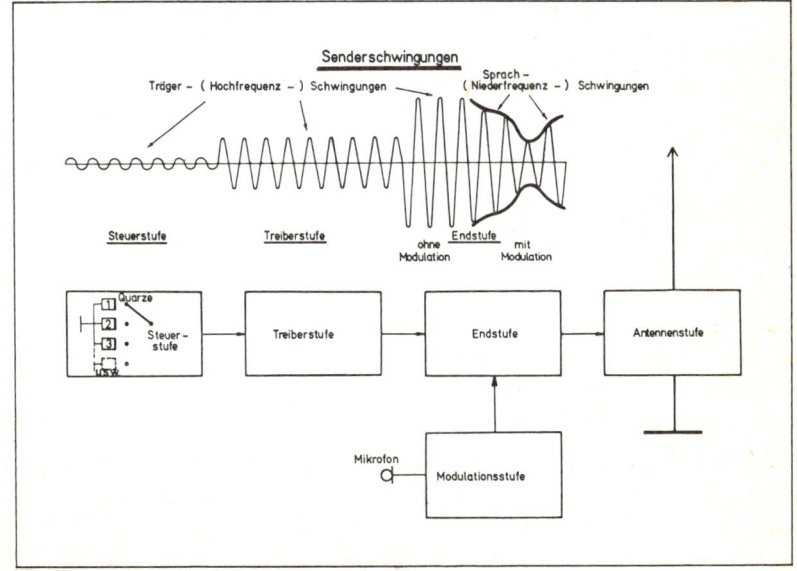

Abb. 21   Sender-Blockschaltbild

1. *Quarz- oder Steuerstufe*
   Hier wird die jeweilige Sendefrequenz (Trägerfrequenz) erzeugt und in der

2. *Treiberstufe*
   vorverstärkt.

3. *Modulationsstufe*
   Die vom Mikrofon in „pulsierenden Gleichstrom" umgewandelten, allerdings sehr schwachen Sprachschwingungen werden verstärkt und der

4. *Leistungsstufe (Endstufe)*
   zugeführt. Die vorverstärkten Trägerschwingungen werden hier weiterverstärkt und erhalten von der Modulationsstufe die Sprachschwingungen aufgebürdet. D. h. so ganz korrekt ist diese Bezeichnung nicht. Denn wie Sie der Skizze auf Seite 163 entnehmen können, beeinflussen die besonders dick dargestellten Sprachschwingungen sowohl die oberen Trägeramplituden als auch die unteren. Die Sprache wird demnach in Wirklichkeit zweimal transportiert: einmal — „aufgebürdet" — oben und zum anderen — „mitschleppend" — unten. Deshalb auch hierfür die Bezeichnung „Zweiseitenbandverfahren". Die so beidseitig modulierten Trägerwellen werden dann an die

5. *Antennenstufe (Antennenkreis)*
   abgegeben. Sie ist ein sog. „offener Schwingungskreis".
   Wie die vorherigen Senderstufen ist auch der Antennenkreis nur dann in der Lage, die ihr zugeführte Schwingungsenergie aufzunehmen und abzustrahlen, wenn sie auf die jeweilige Frequenz (Wellenlänge) angekoppelt, d. h. in Resonanz gebracht wird.
   Die Abstrahlungsleistung ist am günstigsten, wenn die Sendeantenne $1/4$ der Wellenlänge beträgt. Die gleichbleibende Länge der Sendeantenne muß also für jede Schiffsarbeitsfrequenz mit einem kleinen Kniff verlängert oder verkürzt werden. Hierzu dient eine Spule im Antennenkreis — Grobabstimmung —, deren angezapfte Windungen an einem Drehschalter mit vielen Kontakten liegen. Mit einem Feinabstimmungsknopf läßt sich die Antennenanpassung noch weiter auf ihren optimalen Wert einstellen.

🔴 Empfänger

Die Empfangsantenne empfängt, wenn auch nur sehr schwach, gleichzeitig alle möglichen Sender aus allen möglichen Richtungen. Es interessiert aber immer nur eine einzige Station zur Zeit. Beispielsweise 2775 kHz — Kiel Radio.

Damit der Sender von Kiel Radio aus dem Frequenzwirrwarr der Empfangsantenne „herausgefiltert" werden kann, muß man die elektrischen Abstimmteile des Empfängers — es sind dies die aus Spule und Kondensator bestehenden „geschlossenen Schwingungskreise" — in Resonanz bringen, also zum Mitschwingen zur gewünschten Empfangsfrequenz 2775 kHz.

Die etwas oberhalb und unterhalb von 2775 kHz liegenden anderen Stationen sollen nicht mit hindurchschlüpfen. Sie würden den Empfang beeinträchtigen. Folglich muß der Resonanzdurchlaß recht schmal sein. Wie unzulänglich das mit einem einzigen Abstimmkreis gelingt, haben die sog. Volksempfänger der 30er und 40er Jahre bewiesen. Ihr geringer technischer Aufwand erlaubte nur den Ortssender zu empfangen, — und selbst der war oft nicht störungsfrei.

Seefunkempfänger hingegen müssen von ihrer Aufgabenstellung her wesentlich anspruchsvoller sein. Es sind deshalb grundsätzlich aus mehreren Abstimmkreisen bestehende „Superhets", auch „Überlagerungsempfänger" genannt. Das bedeutet, daß die Empfangsfrequenz sich zunächst mit einer anderen, im Empfänger selbst erzeugten, mischt, so daß dann nur noch diese konstante Mischfrequenz — der Fachmann sagt „Zwischenfrequenz" — weiter verarbeitet zu werden braucht.

Das hat mehrere Vorteile.

Einmal bekommt man dadurch ein besseres Abstandsverhältnis zwischen „Nutz- und Störungsfrequenz", zum anderen sind keine zusätzlichen beweglichen Abstimmteile nötig. Und das schließlich ist die Voraussetzung für die Ihnen schon vom Rundfunkempfänger her bekannte bequeme „Einknopfabstimmung".

Auch wenn es mit dem einen Knopf kinderleicht ist, den Empfänger auf die gewünschte Station abzustimmen, empfehle ich Ihnen hier noch einmal: nehmen Sie trotzdem beide Hände!

Die eine Hand an den Abstimmknopf, die zweite an den Lautstärkeregler bzw. — soweit vorhanden — an die Hochfrequenzverstärkung oder an den Bandbreitenregler. Sie sind dann jederzeit bei den oft nicht konstanten

Empfangsverhältnissen im Grenzwellenbereich in der Lage, eine optimale Verständlichkeit zu erreichen. Mit dem Bandbreitenregler können Sie den Tonfrequenzbereich einengen. Das geht zwar auf Kosten des Klangbildes, weil Sie ja die höheren Frequenzen elektrisch „abschneiden", für die Sprechverständigung ist es aber zumeist noch ausreichend.

Die durch Drehkondensatoren veränderbaren geschlossenen Schwingungskreise haben aus der Empfangsantenne die Frequenz 2775 herausgefiltert. Sie ist einschl. der aufgedrückten Modulation recht schwach, denn die Welle hat einen weiten Weg hinter sich. Ähnlich wie beim Sender erfolgt auch hier die Verstärkung stufenweise. Entweder durch Elektronenröhren oder Transistoren.

Zuerst kommt die Hochfrequenzverstärkung, d. h. Träger mit der Modulation. Sie ist vielfach gesondert regelbar. Drehen Sie sie nur bis zum unteren Schwellwert auf, damit schwächere Störsignale erst gar nicht in den Empfänger mit hineingelangen. Danach folgt die bereits erwähnte Frequenzmischung in Verbindung mit einem „Oszillator". (Für das „Einpfeifen" gibt es noch einen weiteren, abschaltbaren.)

Dann muß die bei Kiel Radio dem Träger aufgedrückte Modulation (= Sprache) im Empfänger wieder „abgenommen" werden. Denn wie schon einleitend bei der Sendertechnik erwähnt, haben die Hochfrequenzschwingungen des Senders lediglich eine Transportaufgabe. Uns interessiert nur das Gepäck.

Da sich im Empfänger die elektrischen Spannungen der beiden Seitenbänder infolge ihrer stets gleichen Plus- und Minuswerte immer gegenseitig aufheben, ist eins von den beiden Seitenbändern in der Tat unnötig,

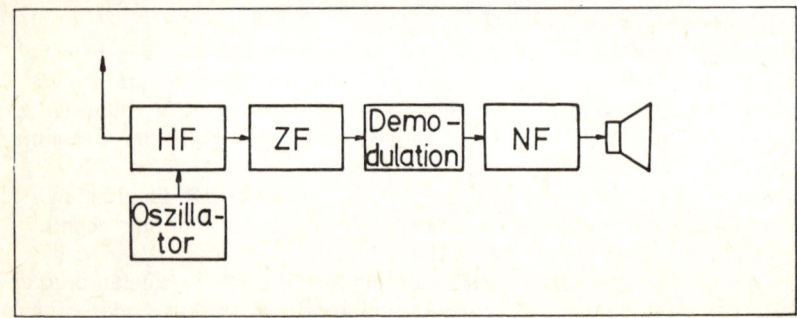

Abb. 22 Empfänger — Blockschaltbild

ja unerwünscht. Man muß es elektrisch „abschneiden". Funktechniker sagen „demodulieren" oder „entmodulieren" dazu. Erst wenn nur ein Seitenband vorhanden ist, kann die darauf liegende Sprechwechsel-spannung (Modulation) ungehindert mit ihren verschiedensten Werten entsprechende Ströme erzeugen.

Weil das so gewonnene „Sprach-Gepäck" aber selbst im Kopfhörer nur sehr schwach wahrnehmbar wäre, folgt hinter der Demodulation min-destens eine weitere Verstärkerstufe: der Niederfrequenzverstärker. Auf ihn wirken Sie mit dem Lautstärkeregler ein. Dann erst geht es zum Kopfhörer bzw. zum Lautsprecher. Dort durchfließen die sprachgesteuer-ten Stromschwingungen Magnetspulen. Deren so unterschiedlich beein-flußten Magneteigenschaften lassen die Membrane entsprechend schnell und stark vibrieren.

Das gibt Schallschwingungen. Wie beim Telefonhörer.

Elektronenröhren

Die Verstärkungseigenschaft der Elektronenröhre ist einfacher zu ver-stehen, als Sie glauben.

Erhitzt man in der ziemlich luftleeren Glashülle einen Heizfaden, treten — unsichtbar — Elektronen aus ihm aus.

Legt man den Minuspol (Kathode) von einer Gleichstromquelle an den Heizfaden und den Pluspol (Anode) an ein kleines Blech, das im Inneren der Röhre dem Glühfaden gegenübersteht, fließt ein munterer Elektronen-Gleichstrom, auch Anodenstrom genannt, hindurch.

Doch wie gesagt, nur wenn die „Röhrenheizung" eingeschaltet ist. ist sie ausgeschaltet, würden selbst 1000 Volt Anodenspannung keinen Strom-fluß herbeiführen. Auch nicht, wenn die Röhrenheizung zwar eingeschal-tet, aber Plus und Minus der Anodengleichspannung vertauscht wären, also Plus am Heizfaden und Minus am Anodenblech läge. Das erklärt zu-gleich die 2. Eigenschaft einer Elektronenröhre: ihre Gleichrichterwirkung.

Ein genialer Erfindergeist kam auf den Gedanken, innerhalb der Röhre zwischen Kathode und Anode ein kleines gitterähnliches Drahtgeflecht mit einem Extrakontakt nach außen zu legen.

Es tritt dann eine ganz verblüffende Wirkung auf:

Schon wenn nur eine ganz kleine Wechselspannung auf das „Gitter" gelangt, ist es mit dem munteren gleichbleibenden Stromfluß im Anodenkreis vorbei. Es wirken sich nämlich innerhalb der Röhre dieselben Eigenschaften aus, die Sie vom Magnetismus her kennen:

Bei der negativen Halbwelle der Gitterspannung werden die negativen Elektronen, die von der Kathode zur Anode fließen wollen, vom Gitter abgestoßen (gleichnamige Pole stoßen sich ab!). Die Elektronen gelangen nur mehr oder minder zahlreich durch das Gitter. Bereits eine relativ kleine negative Gitterspannung kann den starken Anodenstrom restlos stoppen.

Bei der positiven Halbwelle der Gitterspannung ist es genau umgekehrt. Die negativen Elektronen der Kathode werden nicht nur von der Anode angezogen, sondern jetzt auch schon vom davorliegenden Gitter (ungleichnamige Pole ziehen sich an!). D. h. der Stromfluß wird verstärkt. Auch hier wieder bereits bei relativ kleiner positiver Gitterspannung. Zusammengefaßt heißt das also: schon relativ schwache Gitterspannungen steuern einen recht starken Anodenstrom. Dabei ist es gleichgültig, ob auf dem Gitter hochfrequente Trägerschwingungen mit Modulation oder nur niederfrequente Sprachschwingungen liegen. Was relativ schwach über das Gitter in die Röhre hineinwirkt, kommt in gleicher Weise aber wesentlich stärker über den Anodenstrom wieder heraus.

Das ist das ganze Verstärkergeheimnis der Elektronenröhren.

Doch sollte Ihnen das immer noch zu technisch sein, hier ein anderes Beispiel: (Die Techniker unter Ihnen mögen mir verzeihen).

Die Fähigkeit, daß eine sehr schwache Kraft (Gitterspannung) eine erheblich stärkere Kraft (Anodenstrom) steuern kann, ist etwa mit der Erklärung der Frage vergleichbar: kann eine Mücke einen Teller zerschlagen?

Natürlich nicht, meinen Sie?

Nun, lassen Sie sich mal unerwartet stechen, wenn Sie neben dem frisch gedeckten Tisch stehen und temperamentvoll auf die Schmerzstelle schlagen . . . wollten. —

Und bevor Sie die genüßlich davonsummende Mücke endgültig erwischen, wird sie vermutlich noch ein paar weitere Kraftakte bei Ihnen auslösen. Oder, weil wir gerade im Tierreich sind: nehmen Sie das Vieh auf der Weide. Das kraftvolle Hin- und Herschwingen des noch im Vorstadium der Ochsenschwanzsuppe befindlichen Körperteils wird von lächerlich schwachen Fliegen ausgelöst (gesteuert). —

Das elektrische Erhitzen des Heizfadens bedeutet für jede Röhre die größte Beanspruchung bzw. den stärksten Verschleiß. Wie bei der Glühlampe hält der erhitzte Draht nicht ewig. In der Tat tritt als häufigster Fehler der Bruch des Heizfadens auf. In neun von zehn Fällen können Sie deshalb einen Röhrenfehler auch ohne kompliziertes Meßinstrument feststellen: Schalten Sie das stummgebliebene Gerät ab. Lösen Sie auch die Sicherungen. Entfernen Sie die Schrauben der Frontplatte und ziehen Sie den Einschub heraus. Berühren Sie — aber vorsichtig, die defekte Röhre braucht nicht gerade die erste zu sein! — nacheinander die Röhren. Diejenige, die kalt geblieben ist, hat es erwischt.

Tauschen Sie sie aus. Für jede Type sollten Sie eine Ersatzröhre an Bord haben. Achten Sie aber ganz genau auf die Bezeichnung. Äußerlich ähneln sich die Röhren oft wie ein Ei dem anderen. Sie unterscheiden sich nur durch Kennbuchstaben bzw. -ziffern. Ein unterschiedliches Fabrikat spielt hingegen keine Rolle.

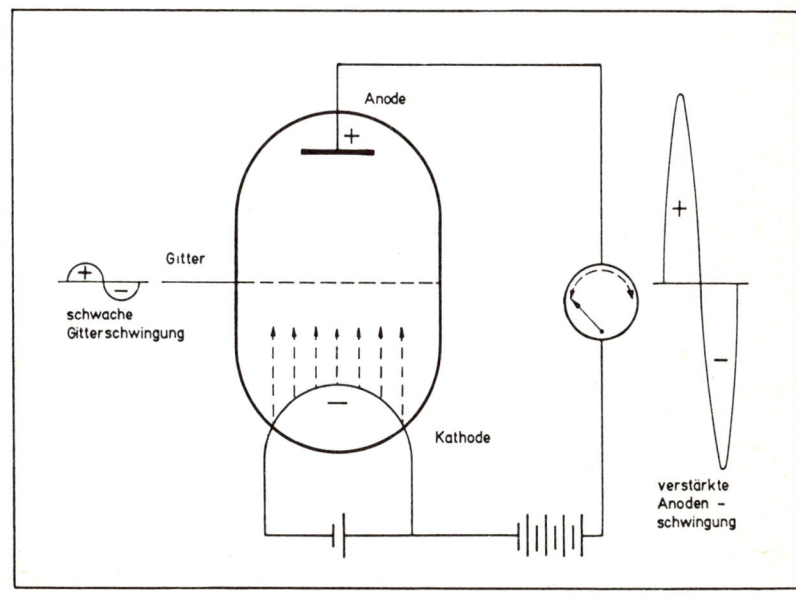

Abb. 23   Elektronenröhre

Antennen und Isolatoren

Daß eine Antenne, ob mit Patina oder ganz profan mit Ruß überzogen, schlechter empfängt als eine blitzblanke und deshalb mehr oder minder regelmäßig geputzt werden muß, ist wie der Kompaßschlüssel und der zu polierende Säurespiegel ein Aprilscherz.

Doch trifft dieser Spaß nur auf die Antennen zu und nicht für die Isolatoren. Diese sollten stets sauber sein! Irgendwie ist jeder Schmutz, erst recht der Ölfilm, leitend. Das kann die Isolation erheblich entwerten und ferner zu unangenehmen Empfangs- bzw. Sendestörungen führen.

Auch dürfen Sie bei allem Verständnis für Ihre Leidenschaft, Ihr Fahrzeug stets in gutgepöntem Zustand zu präsentieren, die Isolatoren nicht damit einbeziehen. Die speziellen Schiffsfarben haben teilweise Metallzusätze und erreichen dadurch relativ gute elektrische Leiteigenschaften.

● **Technischer Fortschritt** — auch im Seefunk

In den ersten Jahren hat sich die Funktechnik besonders stark mit der Entwicklung des Seefunkverkehrs beschäftigt. Aber das ist lange her. Mittlerweile ist der Seefunk von allen anderen Betriebszweigen der drahtlosen Nachrichtentechnik überrundet worden. Vor allem in der Telegrafie-Technik. An die Stelle der Morsezeichen ist längst der Funkfernschreiber getreten, der zudem mit weit höherem Tempo als es das menschliche Ohr verarbeiten kann, den maschinengeschriebenen Text im selben Moment lesbar auf der Empfangsseite erscheinen läßt. Funker mit einer langwierigen Spezialausbildung sind weder auf der Sende- noch auf der Empfangsseite dafür erforderlich.

Diese unterschiedliche Entwicklung hat verschiedene Gründe, auf die hier aber nicht weiter eingegangen werden kann.

Wissen sollten Sie jedoch, daß in den letzten Jahren nunmehr auch im Seefunkdienst große Anstrengungen unternommen wurden, die betrieblichen Erfordernisse der Gegenwart anzupassen und zwar sowohl für den Telegrafie- als auch für den Telefonieverkehr. In ausschließlich dem Seefunk gewidmeten internationalen Konferenzen in Genf hat es 1967 und 1974 umfangreiche Änderungen bzw. Neuerungen gegeben. Sogar einige grundsätzliche Regeln für einen evtl. zukünftigen maritimen Satellitenfunk hat man bereits formuliert.

Soweit sich die Änderungen auf den Funkverkehr auswirken, haben Sie sie bereits im Abschnitt „Praktischer Betrieb" kennengelernt. Über die funktechnischen Neuerungen informieren Sie die folgenden Seiten.

Einseitenbandverfahren

Die bedeutendste Neuheit für den hier interessierenden maritimen Telefonieverkehr ist die Umstellung des Sprechfunkverfahrens von der „Zweiseitenband-" auf die „Einseitenband-Technik". Diese Maßnahme resultiert in erster Linie aus dem großen Frequenzmangel.

Die Amplitudenmodulation (A 3) der bisherigen Zweiseitenband-Technik geht mit der Frequenzbreite eines Senders — siehe im oberen Teil vom Blockschaltbild auf Seite 163 — recht verschwenderisch um. Sie braucht doppelt soviel Platz, als es für die Übermittlung nötig wäre. Betrachten Sie hierzu bitte im Skizzenbeispiel zunächst den Sender B auf der Schiffsarbeitsfrequenz 2361 kHz (Seite 172).

Der Träger muß den grobpunktierten Nachrichteninhalt, also die Sprache, zweimal transportieren: einmal im unteren (links) Seitenband und zweitens im oberen (rechts) Seitenband. Da die Sprachfrequenzen bis ca. 3000 Hz = 3 kHz reichen, braucht jeder Telefoniesender im Zweiseitenbandverfahren eine Gesamtfrequenzbreite von 6 kHz. Der Sender benötigt demnach Platz von 2358—2364 kHz.

Damit Telefoniesender sich nicht gegenseitig stören, müssen somit die Träger der Nachbarstationen stets 6 kHz auseinanderliegen, — obgleich eigentlich nur 1 Seitenband mit 3 kHz für die Übermittlung ausreichen würde. Siehe Sender A und C.

So widersprüchlich das auch klingen mag, aber das Zweiseitenbandsystem mit der Übermittlung des doppelten Nachrichteninhalts ist sowohl von der Sender- als auch von der Empfangstechnik her am einfachsten.

Will man von vornherein den Sender dazu zwingen, nur ein Seitenband auszustrahlen, muß er wesentlich aufwendiger konstruiert sein, es muß gewissermaßen ein „elektronischer Verhinderungsaufwand" getrieben werden. Entsprechendes gilt für den Einseitenbandempfänger. Die technische Konzeption ist von Grund auf anders. Deshalb ist es leider nicht möglich, die vorhandenen Zweiseitenbandgeräte auf die Einseitenbandtechnik umbauen zu lassen. Das ist mit dem Fernsehen vergleichbar: ein Schwarz-Weiß-Gerät läßt sich auch nicht mit wirtschaftlich vertretbaren Mitteln auf farbige Wiedergabe umstellen.

Nach allgemeiner Auffassung wäre der Seefunkdienst schon in naher Zukunft mit der herkömmlichen Technik nicht mehr zu bewältigen gewesen. Er drohte in einen regelrechten Teufelskreis zu geraten: weil immer mehr Schiffe am Funkdienst teilnehmen, werden die Störungen

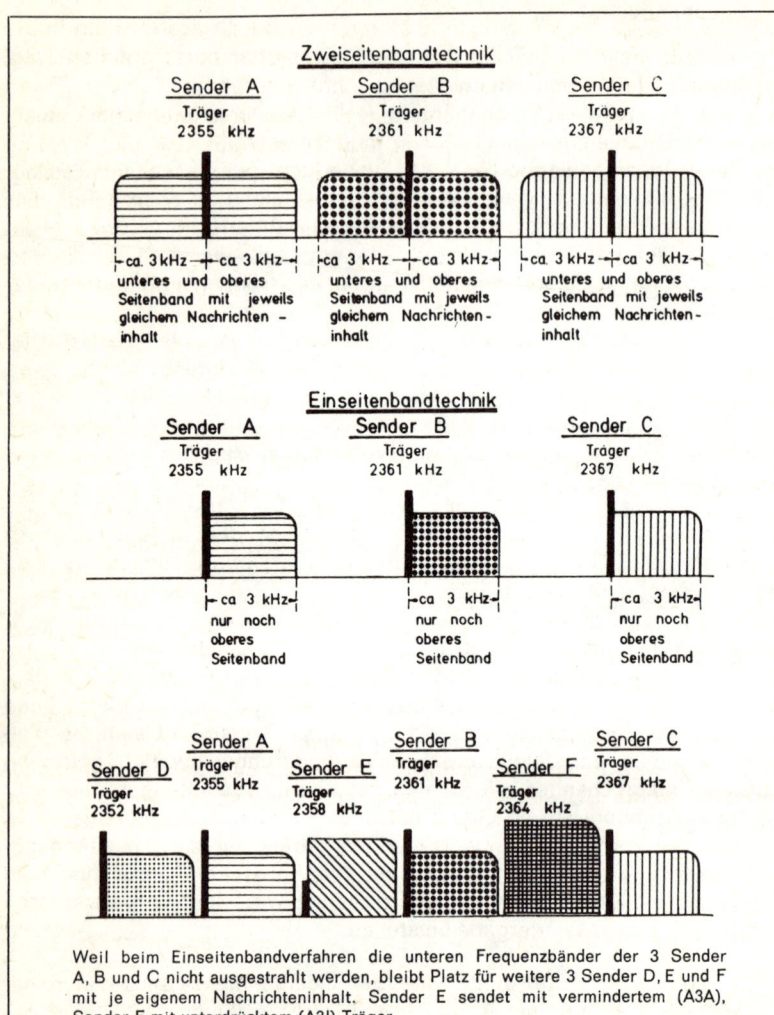

Zweiseitenbandtechnik

Sender A
Träger
2355 kHz

Sender B
Träger
2361 kHz

Sender C
Träger
2367 kHz

ca. 3 kHz — ca. 3 kHz
unteres und oberes
Seitenband mit jeweils
gleichem Nachrichten-
inhalt

ca 3 kHz — ca 3 kHz
unteres und oberes
Seitenband mit jeweils
gleichem Nachrichten-
inhalt

ca. 3 kHz — ca 3 kHz
unteres und oberes
Seitenband mit jeweils
gleichem Nachrichten-
inhalt

Einseitenbandtechnik

Sender A
Träger
2355 kHz

Sender B
Träger
2361 kHz

Sender C
Träger
2367 kHz

ca 3 kHz
nur noch
oberes
Seitenband

ca 3 kHz
nur noch
oberes
Seitenband

ca 3 kHz
nur noch
oberes
Seitenband

Sender D
Träger
2352 kHz

Sender A
Träger
2355 kHz

Sender E
Träger
2358 kHz

Sender B
Träger
2361 kHz

Sender F
Träger
2364 kHz

Sender C
Träger
2367 kHz

Weil beim Einseitenbandverfahren die unteren Frequenzbänder der 3 Sender A, B und C nicht ausgestrahlt werden, bleibt Platz für weitere 3 Sender D, E und F mit je eigenem Nachrichteninhalt. Sender E sendet mit vermindertem (A3A), Sender F mit unterdrücktem (A3J) Träger.

Abb. 24 Zwei- und Einseitenbandtechnik

häufiger, weil die gegenseitigen Störungen häufiger werden, müssen die Funker öfter nachfragen, und weil die Funker öfter nachfragen müssen, nehmen die Störungen immer weiter zu . . .

Wie Sie der unteren Darstellung auf der Skizze entnehmen können, löst die Einseitenbandtechnik — es wird künftig auf GW und KW nur das *obere* Seitenband übertragen — dieses Dilemma mit einem Schlag: sie verdoppelt die Anzahl der Frequenzen. Doch damit nicht genug. Die Einseitenbandtechnik liefert zudem noch eine wesentlich bessere Übertragungsqualität.

Übrigens gibt es bei der Einseitenbandtechnik noch einige Variationen. Man unterscheidet, ob das Seitenband mit vollem Träger (A3H = H3E), mit vermindertem Träger (A3A = R3E) oder mit unterdrücktem Träger (A3J = J3E) ausgesendet wird. Der volle technische Vorteil — aber auch der größte Aufwand! — liegt in R3E und J3E.

Auch das habe ich Ihnen in der Abb. 24 etwas optisch darzustellen versucht: Sender E sendet mit vermindertem Träger (R3E). Die dadurch gewonnene Sendeenergie ist für eine intensivere Übermittlung des „sprachbeladenen" Seitenbandes verwendet worden. Beim Sender F ist der Träger vollständig unterdrückt (J3E), so daß dem Seitenband die gesamte eingesparte Trägerenergie zugute kommen konnte. Allerdings: was Sie an Träger auf der Senderseite „unterschlagen", muß auf der Empfangsseite exakt auf der betr. Frequenz wieder hinzugefügt werden. Auch der Empfänger erfordert also einen recht beträchtlichen Elektronikaufwand. — Vielleicht reichen diese Andeutungen aus, um zu verstehen, warum die Einseitenbandgeräte leider ein höheres Preisniveau als die herkömmlichen Zweiseitenbandanlagen haben.

Vermutlich wird Ihnen die richtige Bezeichnung der drei Einseitenbandvarianten etwas Schwierigkeiten bereiten. Hier haben Sie ein leichtes Merkrezept:

A3H: voller = *h*oher Träger neue Bezeichnung H3E
A3A: verminderter = *a*mputierter Träger neue Bezeichnung R3E
A3J : unterdrückter Träger = *j*anz weg . . . neue Bezeichnung J3E

Sollten Sie gelegentlich in Verbindung mit dem Seefunkdienst etwas von „SSB" lesen, handelt es sich um dasselbe Thema wie vorstehend. SSB ist die Abkürzung der englischen Einseitenband-Bezeichnung. Nämlich: Single Side*b*and.

Sollten Sie andererseits aber einmal die beiden Begriffe „Trägerfrequenz" und „zugeteilte Frequenz" hören, so ist das allerdings nicht dasselbe. Die Trägerfrequenz müssen Sie als die Grundfrequenz ansehen, auf der das Seitenband sozusagen „drauf" liegt. Die zugeteilte Frequenz hingegen existiert in Wirklichkeit gar nicht, sondern sie ist eine Art „Mittelwert" des Seitenbandsenders. Man geht dabei von 2800 Hz Gesamtbreite aus. Die Mitte und damit die zugeteilte Frequenz ist demnach um 1400 Hz = 1,4 kHz höher als die Trägerfrequenz. — Ob Sie das aber wirklich für die Prüfung wissen müssen, bezweifle ich. Auf keinen Fall ist die Antwort prüfungsentscheidend. Viel wichtiger ist, daß Sie mit den Betriebsregeln gut vertraut sind.

Umstellung auch auf UKW

Inzwischen sind auch die UKW-Seefunkanlagen auf 25-kHz-Kanalabstand umgestellt worden, obgleich hier erst gar nicht die platzaufwendige Amplitudenmodulation eingeführt worden ist, sondern von Anfang an die auch vom UKW-Rundfunk her bekannte wohlklingende und weitgehend störungsfreie Frequenzmodulition. (F3). Hierbei werden nicht die Amplituden von der Sprache beeinflußt, sondern es wird die Trägerfrequenz in einem gewissen Umfang entsprechend der Niederfrequenzschwingungen verändert.

Der früher pro Sprechfunkkanal benötigte Platzbedarf von 50 kHz ist inzwischen auf 25 kHz beschränkt worden. Auch das gibt also eine Frequenzverdoppelung.

Da somit *alle* Seefunksprechstellen von den Genfer Konferenzbeschlüssen betroffen sind, hat man wegen der verschiedenartigen Probleme, die das weltweite Umrüsten mit sich bringt, relativ lange Übergangsfristen vorgesehen. Die sollten Sie unbedingt beachten, gleichgültig, ob Sie bereits eine Sprechfunkanlage betreiben oder ob Sie noch mit dem Gedanken spielen, sich eine anzuschaffen.

Es gelten folgende Termine:

1. *Grenzwelle*

   Ab 1. 1. 1973 dürfen bei Neuausrüstungen nur noch Einseitenbandgeräte eingebaut werden. Der Betrieb für bereits eingebaute Anlagen in herkömmlicher Zweiseitenband-Technik war bis zum 31. 12. 1981 gestattet.

Ab 1. 1. 1982 darf nur noch auf 2182 kHz mit Sendeart H3E gesendet werden, während auf Arbeitsfrequenzen ausschließlich mit Sendeart R3E bzw. J3E gearbeitet werden darf.

2. *Kurzwelle*

Neuausrüstung bereits ab 1. 1. 1972 in Einseitenband-Technik vorge-schrieben.
Seit dem 1. 1. 1978 ist der Sprechfunkverkehr auf KW nur noch in der Einseitenband-Technik zulässig (R3E, J3E).

3. *UKW*

Die früher verwendeten 50-kHz-Raster-Geräte, die bis 31. 12. 1972 auf das 25-kHz-Raster umzustellen waren, dürfen nur noch bis zum 31. 12. 1982 betrieben werden. Sie sind dann aus dem Verkehr zu ziehen.
Die jetzt im Handel befindlichen UKW-Geräte enthalten das 25-kHz-Raster, wie es ab 1. 1. 1983 ausschließlich verwendet werden darf.

Selektiv-Anruf

Den Unterschied zwischen einem üblichen Telefonanruf und einer See-funkverbindung kennen Sie:
Wenn Sie am Telefon verlangt werden, klingelt es.
Beim Seefunkverkehr müssen Sie, wenn Sie schon keine Dauerwache gehen, mindestens mehrmals am Tag auf Sammelanrufe achten, vielleicht zudem noch von verschiedenen Küstenfunkstellen. Erst durch diese Ei-geninitative erfahren Sie, ob Sie für eine Seefunkverbindung verlangt werden oder nicht.
Insbesondere wenn nur ein Funker an Bord ist, läßt es sich nicht immer vermeiden, daß dennoch gelegentlich mehrstündige Verzögerungen in der Übermittlung von Nachrichten eintreten. Während der Freiwache des Funkers ist ein Schiff durchweg unerreichbar.
Diesen Nachteil kann das 1967 anläßlich der schon in anderem Zusam-menhang erwähnten maritimen Funkkonferenz eingeführte Selektiv-An-rufverfahren beseitigen. (Selektiv = Auswahl).
Bei diesem neuartigen technischen System wird dem betr. Schiff eine Art Telefonnummer zugeteilt.

Die in 5 Töne unterschiedlicher Höhe umgewandelte Rufnummer wird von der Küstenfunkstelle auf GW auf der Frequenz 2170,5 kHz und auf UKW auf Sprechweg 16 ausgesendet und an Bord von einem „Decoder" ausgewertet. Geht ein Ruf ein, klingelt der Decoder wie ein Telefon. Auf anderen Schiffen bleibt er stumm. Damit der so herbeigerufene Funker erfährt, wer ihn gerufen hat, enthält der Selektivruf noch ein vierstelliges Zusatzsignal, aus dem mittels eines besonderen Kennungsdecoders der Absender entschlüsselt werden kann. Wer über diesen zusätzlich — recht teuren — Kennungsdecoder nicht verfügt, kann dennoch relativ einfach den Anrufer feststellen, indem er auf der betr. Frequenz einen Anruf „an alle" richtet und fragt, wer ihn gerufen hat. Es gibt auch eine Q-Gruppe dafür: QRZ? (Von wem werde ich gerufen?)
Neben dem Individualanruf ist außerdem eine Kombination für Anrufe „An alle" vorgesehen, um sämtliche Schiffe, die sich in dem betreffenden Seegebiet befinden, zu jeder Tageszeit unverzüglich über Not- und Dringlichkeitsfälle sowie über „Vitale nautische Warnnachrichten" verständigen zu können.
Da die Ausrüstung mit einem Selektiv-Decoder freiwillig ist, bleibt abzuwarten, in welchem Umfang die Schiffahrt von dieser bedeutsamen technischen Neuerung Gebrauch machen wird.

Prüfungsfragen

Offiziell vorgeschriebene Prüfungsfragen gibt es beim Sprechfunkzeugnis nicht. Die folgenden Fragen und Antworten sollen lediglich eine zusammenfassende Wiederholung des gesamten theoretischen Prüfungsstoffes darstellen und dem funkbetrieblich Vorgebildeten einen Kurzlehrgang bieten.

Sie haben recht gut gelernt, wenn Sie alle Fragen beantworten können, und es dürfte Ihnen auch nicht schwerfallen, weitere und andere Fragen zu beantworten, die in der mündlichen Prüfung gestellt werden.

1. Welche Dienststelle ist für alle Seefunkangelegenheiten zuständig?

   1. Fernmeldeamt 6 Hamburg

2. Wie ist die postalische Bezeichnung für ein Seefahrzeug mit einer Sende- und Empfangsanlage?

   2. Seefunkstelle

3. Was müssen Sie beachten, bevor Sie eine Seefunkanlage einbauen lassen und betreiben?

   3. a) Das Gerät muß postalisch zugelassen sein (FTZ-geprüft).
   b) Einen Antrag auf Genehmigung an das Fernmeldeamt 6 Hamburg richten.
   c) Es muß eine betriebstechnische Funkabnahme an Bord erfolgen.

4. Für welche Sprechfunkdienste ist das „Allgemeine Sprechfunkzeugnis für den Seefunkdienst" zugelassen?

   4. Für die Abwicklung des Sprechfunkdienstes auf Grenz-, Kurz- und Ultrakurzwellen an Bord von ausrüstungspflichtigen und nichtausrüstungspflichtigen Seefahrzeugen.

5. Welche internationalen Vereinbarungen regeln im Seefunk*
   a) den Funkverkehr
   b) die Ausrüstungspflicht?

   5. a) VO Funk
   b) Internationaler Schiffssicherheitsvertrag (ISSV)

6. Können Sie einige Stichwörter nennen, die die VO Funk regelt?

   6. Begriffsbestimmungen
   Technische und betriebliche Erfordernisse der Funkgeräte
   Frequenzverteilung
   Länderkennungen für Rufzeichen

Betriebsabwicklung
Schutz des Fernmeldegeheimnisses
Genehmigungspflicht
Funkzeugnisse und Prüfungs-
anforderungen
Abrechnungsverfahren

7. Wie heißt das „Grundgesetz"
für das Fernmeldewesen?

7. *Das Fernmeldeanlagengesetz (FAG)*

8. Was regelt es?

8. *a) Hoheitsrecht*
   b) Verleihungsrecht
   c) Überwachungsrecht
   d) Benutzungsrecht
   e) Fernmeldegeheimnis
   f) Strafbestimmungen

9. Was verstehen Sie unter
„Fernmeldegeheimnis"?

9. *Geheimhaltung aller Übermittlungen,*
   von denen Sie während des Fernmelde-
   dienstes Kenntnis erlangen und die
   nicht für Sie bestimmt sind. Sie dürfen
   auch nicht von dem Tatbestand als
   solchem berichten. Ausnahmen:
   Meldungen „an alle".
   Dem Kapitän hingegen sind Sie auf
   Verlangen zur Auskunft verpflichtet.
   Sonst Befreiung vom Fernmeldegeheim-
   nis nur durch richterlichen Beschluß.

10. Wie heißt die gesetzliche
Regelung für die Funkaus-
rüstung an Bord von deut-
schen Seeschiffen?

10. *Schiffssicherheitsverordnung (SSV)*

11. Welche Frachtschiffe müssen
mit einer GW-Sprechfunk-
anlage ausgerüstet sein?

11. *Von 300—1599 BRT*

12. Was sind die wichtigsten Teile
eines sprechfunkausrüstungspflichtigen Schiffes?

12. *Sender*
    Empfänger
    Alarmzeichengeber
    Sicherheitsempfänger
    Hauptstromversorgung
    Notstromversorgung
    Antennenanlage

13. Was bedeutet „Funksicherheitszeugnis"?

13. *Funkanlagen auf ausrüstungspflichtigen*
    Schiffen müssen jährlich überprüft wer-
    den. Die SBG stellt darüber ein „Funk-
    sicherheitszeugnis" aus. Bei evtl. Män-
    geln erst, nachdem sie beseitigt sind.

14. Wie muß ein sprechfunkausrüstungspflichtiges Schiff hinsichtlich des Funkpersonals besetzt sein?

14. Der Kapitän darf nicht Stellung als Alleinfunker einnehmen. Es muß noch jemand an Bord ein gültiges Sprechfunkzeugnis haben.

15. Zu welcher Hörwache ist ein GW-ausrüstungspflichtiges Schiff verpflichtet und wie wird sie wahrgenommen?

15. Während der Fahrt ist eine ununterbrochene Hörwache auf 2182 kHz sicherzustellen. In der Regel steht ein besonderer Sicherheits-(Wach)-empfänger auf der Brücke auf 2182 auf Dauerempfang. Durch einen Filterzusatz kann der Anrufverkehr ausgeblendet werden, er läßt nur die beiden Töne des Sprechfunkalarmzeichens durch.

16. Wie lange muß die Notstromversorgung Sender- und Empfänger ununterbrochen versorgen können?

16. 6 Stunden, es dürfen auch Sicherheitsempfänger, Funkpeiler, Notbeleuchtung angeschlossen werden.

17. Wie groß muß die Reichweite eines GW-Senders auf einem ausrüstungspflichtigen Schiff sein?

17. Am Tage 150 Seemeilen.

18. Was ist
    a) täglich
    b) wöchentlich zu prüfen?

*18. a) Notbatterie unter Belastung
    b) tragbare Telegrafiefunkanlage
    (500 kHz)*

19. Was ist eine tragbare Telegrafiefunkanlage und wer muß sie mitführen?

19. Eine tragbare Telegrafiefunkanlage ist schwimmfähig, sie muß aber bedient werden. Sie ist auf Frachtschiffen unabhängig der Größe in der mittleren und großen Fahrt mitzuführen. Sie arbeitet auf 500 kHz, 2182 kHz, 8364 kHz.

20. Was ist eine Seenotfunkboje und wer muß sie mitführen?

20. Eine Seenotfunkboje wird über Bord geworfen und sendet dann automatisch einen Ton von 1–5 Sekunden Dauer bei gleichlangen oder kürzeren Pausen. Sie muß an Bord von Telefonie-Frachtschiffen sein, die die Grenzen der mittleren Fahrt nach atlantischen Häfen überschreiten. Desgleichen auf Fischereifahrzeugen ab 300 BRT.

21. Wer muß eine Peilfunkanlage mitführen?

21. Schiffe ab 1600 BRT in der Auslandsfahrt.

22. Wie heißt die wichtigste Funkerregel?

22. Erst hören, dann senden!

23. Und die zweitwichtigste?

23. Keine Aussendung ohne Stationsnamen!

24. Und die dritte?

24. Keine unnötigen Aussendungen!

25. Was bedeutet „Rufzeichen"?

25. Das dem Schiffsnamen behördlich zugeteilte Unterscheidungssignal. Es besteht bei deutschen Seefahrzeugen mit „D" beginnend entweder aus vier Buchstaben bzw. aus „DA" und vier Ziffern. Das Unterscheidungssignal wird stets per Bruchstrich hinzugefügt.

26. Was verstehen Sie unter Simplex und Duplex?

26. Simplex (Wechselsprechen) ist abwechselndes Hören und Senden auf gleicher Frequenz.
Bei Duplex (Gegensprechen) hat man für das Senden und Empfangen je eine besondere Frequenz.

27. Was verstehen Sie unter Urkunden und Dienstbehelfen?

27. Es sind Dienstunterlagen. Zum Beispiel a) Funkzeugnis, b) Genehmigungsurkunde, c) Handbuch Seefunk, d) Funktagebuch, e) Merkblatt, f) Mitteilungen für Seefunkstellen.

28. Wie heißt die internationale Seenot- und Anruffrequenz?

28. Auf Grenzwelle 2182 kHz, auf UKW-Kanal 16 (156,8 MHz).

29. Was verstehen Sie unter „Seenotpause"?

29. Das Sendeverbot auf 2182 kHz stündlich von 00.—03. und von 30.—33. Minute.

30. Wonach richtet sich die Verwendung der GW-Frequenzen?

30. a) Nach der Verkehrsrichtung (Schiff-Land oder Schiff-Schiff) b) Nach Seegebieten c) Bei Schiff-Schiff-Frequenzen außerdem nach der Schiffsgattung.

31. Was wissen Sie über das Funktagebuch?

31. Es hat Urkundenstatus. Alle mittel- und unmittelbaren funkbetrieblichen Begebenheiten in Kurzform und mit Durchschrift eintragen. Mayday/Pan-Pan/Sécurité möglichst wörtlich.
Nach jeder Reise abschließen, vom Kapitän gegenzeichnen lassen und Original ans Fernmeldeamt 6 Hamburg schicken. Durchschriften 1 Jahr aufbewahren — unter Verschluß — und dann vernichten.

32. Wie lange darf das Sender-Abstimmen dauern und welche Leistung ist zu verwenden?

32. 10 Sekunden, die niedrigste Leistung

33. Wie rufen Sie Norddeich Radio, um ein Telegramm zu übermitteln.
a) bis die Verbindung hergestellt ist
b) nachdem die Verbindung hergestellt ist?

33. a) „Norddeich Radio   Norddeich Radio   Norddeich Radio
hier ist
Seeadler   Seeadler   Seeadler/DFTG
ich habe ein Telegramm für sie"
b) „Norddeich Radio
hier ist
Seeadler/DFTG
ich beginne — Seeadler /DFTG nr 1 . . ."

34. Was ist die Hauptarbeitsfrequenz von
a) Norddeich Radio
b) Kiel Radio

34. a) Norddeich Radio = 2614 kHz.
b) Kiel Radio = 2775 kHz.

35. Auf welcher Frequenz müssen Sie
a) Norddeich Radio
b) Kiel Radio
auf dem 1. Kanal rufen?

35. a) auf 2023 kHz.
b) auf 2146 kHz.

36. In welchen Abständen dürfen Sie rufen?

36. In Abständen von 3 Minuten. Dabei auf richtige Frequenzenwahl und Dienstzeiten achten.

37. Was bedeutet:
1. „Schalten Sie den Träger ab"
2. „Warten Sie, ich rufe Sie wieder"
3. „Bleiben Sie auf Empfang"?

37. 1.—3. bedeuten dasselbe. Lassen Sie die Sprechtaste los und bleiben Sie mit dem Lautsprecher empfangsbereit. Bei längerer Wartezeit den Sender auf „Vorheizen" bzw. „stand by" schalten.

38. Wann senden
a) Norddeich Radio
b) Kiel Radio
Sammelanrufe?

38. Norddeich Radio: stündlich zur 45. Min.
Kiel Radio: stündlich zur 25. Min.

39. Was sind „Besondere Funkdienste" deutscher Küstenfunkstellen?

39. Zeitzeichen, Wetterberichte, Eisberichte, Wetterwarnungen, naut. Warnnachrichten, Auskünfte.

40. Wann sendet
a) Norddeich Radio
b) Kiel Radio
Wetterberichte?

40. Norddeich Radio: 0810 und 2010 UTC
Kiel Radio: 0740 und 1940 UTC.

41. Wann darf ein Seenotruf gesendet werden?

41. *Wenn ernste Gefahr für Besatzung und Schiff besteht. Auf Anordnung des Kapitäns. (Mayday).*

42. Was bedeutet „Sprechfunk- alarmzeichen"?

42. *Ein Doppelton, ähnlich wie beim Poli- zei- bzw. Krankenwagen, der bei See- not mit einem besonderen Zusatzgerät (Alarmzeichengeber) auf den Sender gegeben wird, ca. 30—60 Sekunden. Der Filter im Sicherheitsempfänger auf anderen Schiffen läßt diese Töne durch. Das Alarmzeichen darf auch bei „Mann über Bord" (Pan-Pan) vorweggeben werden.*

43. Wie lautet aus folgenden An- gaben der Seenotanruf und die Seenotmeldung: Seeadler/DFTG — Feuer im Schiff — benötigen eiligst Löschfahrzeug und Bergungs- hilfe — Position 8 Seemeilen südwestlich Helgoland —?

43. *30—60 Sekunden lang Alarmzeichen „Mayday Mayday Mayday hier ist (delta echo) Seeadler Seeadler Seeadler/DFTG Mayday Seeadler/DFTG Position 8 Seemeilen südwestlich Hel- goland Feuer im Schiff benötigen eiligst Löschfahrzeug und Bergungshilfe" — zweimal 10—15 Sekunden Träger einschalten (Peilzeichen) dann noch einmal Schiffsnamen: „Seeadler/DFTG — over"*

44. Wie lautet die Empfangsbe- stätigung von der Seefunk- stelle „Helios/DABD"?

44. *„Mayday Seeadler Seeadler Seeadler/DFTG hier ist Helios Helios Helios/DABD erhalten Mayday — over"*

45. Was bedeutet „Mayday Relay"? — Verwenden Sie diesen Begriff von „Helios/ DABD" aus.

45. *Eine Seenotweitergabemeldung. 30—60 Sekunden lang Alarmzeichen „Mayday Relay Mayday Relay Mayday Relay hier ist Helios Helios Helios/DABD um 1422 UTC auf 2182 kHz folgende Notmeldung empfangen: Mayday Seeadler/DFTG usw."*

46. Wie lautet die Forderung nach Funkstille a) von dem Schiff in Not bzw. von der Leitfunkstelle b) von allen übrigen Stationen?

46. *Kurzanruf a) „Silence Mayday" b) „Silence détresse"*

47. Woran erkennen Sie, daß Notverkehr abgewickelt wird?

47. *Jeder Anruf und jede Meldung wird mit „Mayday" eingeleitet.*

48. Wie wird Notverkehr beendet
a) mit Vorbehalt
b) endgültig?

48. *a) Mayday*
an alle Funkstellen   an alle Funkstellen
an alle Funkstellen
hier ist (delta echo)
Seeadler   Seeadler   Seeadler/DFTG
1745 UTC Seeadler
Prudence — over"
b) — wie a), jedoch die letzte Zeile ersetzen durch:
„Silence fini — over and out"

49. Wann wird ein Dringlichkeitsruf ausgesendet?

49. *Das Dringlichkeitszeichen (PAN PAN) kündigt an, daß die rufende Funkstelle eine sehr dringende Meldung zu senden hat, die die Sicherheit eines See- bzw. Luftfahrzeugs oder die Sicherheit einer Person betrifft.*

50. Wie verbreiten Sie auf Grenzwelle eine Meldung wegen Ruderschadens, Sie treiben 6 Seemeilen querab Schleimünde?

50. *Auf 2182 kHz:*
„PAN PAN   PAN PAN   PAN PAN
an alle Funkstellen   an alle Funkstellen
an alle Funkstellen
hier ist   (delta echo)
Seeadler   Seeadler   Seeadler/DFTG
treiben mit Ruderschaden 6 Seemeilen querab Schleimünde
erbitten Schlepphilfe — ich wiederhole . . . — ich stehe auf 2182 auf Empfang — over".

51. Was ist ein „Medico-Gespräch"?

51. *Ein Gespräch mit dem Funkarzt, wenn Verletzter oder Erkrankter an Bord. Sie dürfen sich dazu mit dem Dringlichkeitszeichen (PAN PAN) auf der betr. Anruffrequenz Vorrang verschaffen. Medico-Gespräche sind kostenlos.*

52. Dürfen Sie während eines Seenotfalles auf 2182 eine Dringlichkeitsmeldung ankündigen?

52. *Ja, kurz während einer Seenot-Verkehrspause. „PAN PAN hier ist Seeadler/DFTG ich gehe zum Senden auf 2421 kHz — over"*

53. Was machen Sie, wenn Sie auf „Seeadler/DFTG" feststellen, daß die Leuchttonne 7a auf Weg 1 verlöscht ist?

53. *Eine Sicherheitsmeldung verbreiten. Zunächst ankündigen auf 2182 kHz:*
„Sécurité   Sécurité   Sécurité
an alle Funkstellen   an alle Funkstellen
an alle Funkstellen
hier ist (delta echo)

*Seeadler Seeadler Seeadler/DFTG
ich gehe zum Senden auf 2421 kHz —
over"
Auf 2421 kHz:
„Sécurité Sécurité Sécurité
an alle Funkstellen an alle Funkstellen
an alle Funkstellen
hier ist (delta echo)*

*Seeadler Seeadler Seeadler/DFTG
Leuchttone 7a auf Weg 1 verlöscht —
ich wiederhole . . . — bin empfangsbereit auf 2182 — over"*

54. Was ist eine „Vitale nautische Warnnachricht"?

54. Eine Warnnachricht von überragender Bedeutung. Sie wird von der Küstenfunkstelle auf 2182 kHz 15 Sekunden lang mit dem oberen, unterbrochenen Ton des Alarmzeichens (2200 Hz) angekündigt.

55. Was ist eine TR-Meldung und wann ist sie abzugeben?

*55. TR = Travel Report = Reiseweg-Angabe.
Eine TR-Meldung ist den deutschen Küstenfunkstellen stets zu übermitteln, wenn das Schiff in ihren Verkehrsbereich gelangt bzw. ihn verläßt sowie beim Aus- und Einlaufen. Auch ausländischen Küstenfunkkstellen sollen TR's übermittelt werden.*

56. Welche Möglichkeiten haben Sie, um mit ausländischen Küstenfunkstellen zu verkehren?

*56. a) Sofern der betr. Quarz an Bord vorhanden ist, die ausländische Küstenfunkstelle gleich auf ihrer Empfangsfrequenz rufen und auf ihrer Arbeitsfrequenz hören.
b) Auf 2182 rufen und empfangen und die Arbeitsfrequenzen vereinbaren. (Simplex). Danach auf den Arbeitsfrequenzen in Duplex den Verkehr abwickeln.*

57. Welche Schiffsarbeitsfrequenz ist im Verkehr mit ausländischen Küstenfunkstellen am gebräuchlichsten?

57. 2049 kHz. — Wenn 2182 kHz mit Seenotverkehr belegt ist, können Sie die meisten ausländischen Küstenfunkstellen unmittelbar auf dieser Frequenz rufen, weil Sie sie zusätzlich als Empfangsfrequenz schalten. Geantwortet wird dann auf der Hauptarbeitsfrequenz der ausländischen Küstenfunkstelle.

58. Was müssen Sie nach Verkehrsende mit Sender und Empfänger machen?

58. *„Kalt" auf 2182 abstimmen, damit im Überraschungsfall sofort die Notfrequenz benutzt werden kann.*

59. Wozu dienen
a) Q-Gruppen
b) die Gruppen des ISB?

59. *Beides sind internationale Abkürzungen, um Sprachschwierigkeiten, besonders im Auslandsverkehr bzw. bei Not- und Dringlichkeitsfällen zu überbrücken.*

60. Was sind „MfS"?

60. *Die in unregelmäßiger Folge von der Bundespost herausgegebenen „Mitteilungen für Seefunkstellen" (Fernmeldeamt 6 Hamburg).*

61. Welche Verkehrsmöglichkeiten bietet UKW-Seefunk?

61. *a) Not, Sicherheit und Anruf (Kanal 16, jedoch keine Seenotpausen)
b) Öffentlicher Verkehr (Gespräche, Telegramme)
c) Revierfunkverkehr (nichtöffentlich, Hafenabfertigung, Lotseneinsatz, Radarberatung usw.).
d) Schiff-Schiff-Verkehr*

62. Auf welchem Kanal rufen Sie im allgemeinen
a) die Küstenfunkstellen für den öffentlichen Dienst

b) die Küstenfunkstellen für den Revierfunkdienst?

62. *a) Auf Kanal 16, dann Frequenzwechsel auf den jeweiligen Arbeitskanal (Duplex). Alle deutschen UKW-Küstenfunkstellen unmittelbar auf dem Arbeitskanal.
b) Gleich auf dem Arbeitskanal der betr. Station (meistens Simplex).*

63. Können Sie fließend buchstabieren
CGHUD PQARW YKBEJ
29031 VIMSF NPZKT GLOXN
64857 GMRBZ AFKPU

63. *Falls nicht, sollten Sie intensiver üben!*

64. Wie wird und wann ist ein Telegramm übermittelt?

64. *Langsam und deutlich sprechen. Telegrammabschnitte (=) mit „es folgt" ausdrücken. Schwierige Wörter, Code und Familiennamen stets buchstabieren (. . . „ich buchstabiere . . ."). Bei Zahlen ankündigen: . . . „in Ziffern . . . ". Der Aufnehmende muß den Empfang bestätigen: „Telegramm Nr. x mit y Wörtern richtig erhalten", Wortzahl abhaken und den Aufnahmevermerk ausfüllen. Auch der Übermittelnde macht entspr. Angaben auf dem Telegrammformblatt (Übermittlungsvermerk).*

65. Aus wieviel Teilen besteht ein Telegramm und wie heißen sie?

65. Aus 4 Teilen:
1. Kopf
2. Anschrift
3. Text
4. Unterschrift (kann fehlen)

66. Wonach wird ein Telegramm berechnet?

66. Nach Gebührenwörtern.

67. Bis wieviel Buchstaben bzw. Zeichen gilt ein Gebührenwort?

67. Jedes Wort in Anschrift, Text und Unterschrift zählt bis zu 10 Schriftzeichen als 1 Gebührenwort.

68. Welcher Unterschied besteht zwischen tatsächlichen Wörtern und Gebührenwörtern?

68. Tatsächliche Wörter sind die im Telegramm vorhandenen und gezählten Wörter, während hingegen die Gebührenwörter nach der 10-Zeichen-Regel ermittelt werden. Schreibweise im Telegrammkopf 11/10 bedeutet: 11 Gebührenwörter/10 tatsächliche Wörter; d.h. ein Wort enthält mehr als 10 Zeichen.

69. Was ist „Bestimmungsort" und wie wird er berechnet?

69. Bei einem Telegramm von See nach Land steht der Bestimmungsort stets am Ende der Anschrift. Der Bestimmungsort wird ab 1. 1. 1981 nach der 10-Zeichen-Regel berechnet.
Beim Telegramm von Land nach See ist der Schiffsname einschl. Rufzeichen der Bestimmungsort. Hinter den Schiffsnamen gehört noch der Name der Küstenfunkstelle, über die das Telegramm geleitet werden soll.

70. Was ist eine Kurzanschrift?

70. Das z. B. von einer Firma bei der betr. örtlichen Fernmeldebehörde beantragte Anschriftenkennwort.
Beispiel: Hansawerke Hamburg.
Die Kurzanschrift ist für den Inhaber gebührenpflichtig. Zustellregelungen möglich.

71. Was ist bei Straßennamen möglich?

71. Man kann sie zusammenziehen.
Straße und Platz kann man abkürzen: str bzw. pl.

72. Aus wieviel Gebührenteilen besteht ein Telegrammwort und wie hoch sind sie?

72. Aus 3 Teilen:
   1. Land-, Telegrafen- oder
   Leitungsgebühr $= 0,60\ DM$
   2. Küsten- oder Funkgebühr $= 0,70\ DM$
   3. Bordgebühr $= 0,40\ DM$

73. Was ist ein Dienstvermerk?

73. Das Kennzeichen für eine besondere Behandlung des Telegramms. Der Vermerk wird zusammen mit etwaigen Zusätzen wie Nummer und Betrag in Doppelstriche ($=$) gesetzt und kostet ein Gebührenwort.

74. Was bedeutet $=$ Urgent $=$?

74. Dringendes Telegramm. Verdoppelung der Landgebühr.

75. Was bedeutet $=$ LX $=$?

75. Schmuckblatt-Telegramm. Sonderausfertigung auf nach Nummern oder Buchstaben geordneten Bildmustern. Entweder 2,— DM oder bei Ausführungen im Prägedruck 5,— DM extra.

76. Was bedeutet $=$ RP $=$?

76. Telegramm mit bezahlter Antwort entspr. der angegebenen Summe. Es besteht keine Verpflichtung, ein Antworttelegramm aufzugeben.

77. Was bedeutet $=$ SF $=$?

77. Festtagsfunktelegramm. Aufgabemöglichkeit 21 bis 3 Tage vor den bekannten Festtagen einschließlich Muttertag Telegrafengebühr $= 0,60\ DM$, Küstengebühr $= 0,40\ DM$. Bordgebühr $= 0,20\ DM$.

78. Was ist eine Unzustellbarkeitsmeldung?

78. Ein Dienstspruch, mit dem der Telegramm-Absender die Nachricht erhält, daß sein Telegramm nicht zugestellt werden konnte.
   Soweit das Telegramm bis zur Bestimmungsanstalt befördert worden ist, kann eine Gebührenerstattung nicht gewährt werden.
   Konnte die Küstenfunkstelle ein Telegramm von Land nach See nicht an die Seefunkstelle übermitteln, wird auf Antrag die Bordgebühr erstattet.

79. Wie werden Funkgespräche berechnet?

79. Nach Minuten. 3 Minuten Mindestgebühr. Angefangene Minuten werden auf volle aufgerundet.

80. Wie hoch sind die Gebührenteile bei GW-Seefunkgesprächen (Inland) für 3 Minuten?

80. Fernsprechgebühr $\qquad$ $3,— DM$
   Küstengebühr $\qquad$ $6,— DM$
   Bordgebühr $\qquad$ $\underline{4,50\ DM}$
   Gesamtgebühr $\qquad$ $\overline{13,50\ DM}$

81. Wie hoch sind bei KW-Gesprächen die Gebührenteile (Inland) für 3 Minuten?

$$= \quad 3,— DM$$
$$= 18,— DM$$
$$= \quad 6,— DM$$
$$= 27,— DM$$

82. In welchem Seegebiet können Sie Funkpeilungen vornehmen lassen, was kosten sie und welche deutsche Peilfunkstellen gibt es?

82. Funkpeilungen können in der Nordsee durchgeführt werden, sie kosten 12,— DM. Die deutschen Peilfunkstellen sind: Norddeich-, Elbe-Weser- und St. Peter-Ording-Gonio.

83. Wie hoch sind alle Gebührenteile bei UKW-Gesprächen (Inland)?

83. Fernsprechgebühr $= 1,80$ DM
Küstengebühr $= 4,50$ DM
Gesamtgebühr $= 6,30$ DM
Bei Gesprächen von See darf noch eine Bordgebühr von DM 1,20 erhoben werden.

84. In welcher Währung werden im Auslandsverkehr die Gebühren angegeben?

84. In Goldfranken $= 100$ Centimes. 1 GFr $= 0,84$ DM. 1 DM $= 1,20$ GFr. Stand 1. 10. 1978.

85. Was ist der Unterschied zwischen Gleich- und Wechselspannung?

85. Gleichspannung hat stets gleichbleibenden Plus- und Minuspol. Z. B. Autobatterie. Wechselspannung ändert hingegen fortwährend ihre Pole und erzeugt einen Strom, der entsprechend seine Richtung wechselt. Z. B. der übliche sog. technische Wechselstrom 50 x pro Sekunde. Wechselspannung ist transformierbar, d.h. sie kann mittels eines Transformators auf höhere oder niedrige Spannungswerte gebracht werden.

86. Was ist Frequenz?

86. Schwingungshäufigkeit. Maßeinheit: Hertz (Hz) 1 Hz $= 1$ Schwingung/Sekunde

87. Was ist
a) Hochfrequenz
b) Niederfrequenz?

87. a) Die elektromagnetischen Schwingungen eines Senders, z. B. 2182 kHz $= 2\ 182\ 000$ Schwingungen/Sekunde, die sich mit Lichtgeschwindigkeit (300 000 km/Sekunde) ausbreiten.
b) Die in elektrischen Strom umgewandelten Mikrofon-(Schall-) Schwingungen. Sprache: ca. 300—3000 Hz.

88. Was ist ein Quarz und wozu dient er?

88. Der Quarz ist ein Kristall. Legt man an seine planparallel geschliffenen Flächen eine Spannung, schwingt er in seiner Eigenfrequenz. Wegen dieser Eigenschaft wird er zur Hochfrequenzerzeugung im Sender verwendet.

89. Was ist Modulation?

89. Die Sprache, die der Seefunksender zur Gegenstation „transportieren" soll.

90. Wo befindet sich das Mikrofon und wie arbeitet es?

90. Das Mikrofon befindet sich im unteren Teil des Handapparates. Es ist zumeist das übliche Telefon-Kohlegrus-Mikrofon. Die Schallwellen der Sprache gelangen auf die Membrane, die ihrerseits die winzigkleinen Kohlegruskörner mehr oder weniger zusammendrückt. Diese wirken dadurch als im Sprachrhythmus veränderlicher elektrischer Widerstand.

91. Was ist der Träger?

91. Die hochfrequenten Schwingungen eines Senders, die die Sprachschwingungen „befördern", also „tragen" sollen.

92. Woran erkennen Sie, ob Modulation auf den Träger gelangt?

92. Am vibrierenden Zeigerausschlag des Meßinstruments bzw. am flackernden magischen Auge des Senders während Sie sprechen.

93. Wie pflegen Sie die Notsenderbatterie?

93. Sie muß regelmäßig nachgeladen werden. Ladezustand mit Säureheber messen, normal: 1,28. Spannung täglich unter Belastung prüfen. Auf genügend Zellenflüssigkeit achten. Platten müssen vollkommen bedeckt sein, sonst destilliertes Wasser nachfüllen. Verbindungsbleibänder und Kontakte säurefrei einfetten. — Nicht mit offenem Feuer herantreten!

94. Was bedeutet bei einem Akku die Bezeichnung „Kapazität"?

94. Die Leistung in Amperestunden (Ah).

95. Wie pflegen Sie den Anker-Umformer?

95. Kollektor (Gleichspannungsseite) und Schleifringe (Wechselspannungsseite) sauber halten, ggf. mit besonderem Kollektorpapier säubern. Auf Abnutzung der Kohlebürsten achten. Luftschlitze vor Staubverstopfung schützen.

96. Wie pflegen Sie die Antennenanlage?

96. Achten Sie darauf, daß beim Fieren und Setzen keine „Kinken" hineinkommen — Isolatoren von Zeit zu Zeit reinigen, — aber niemals „überpönen"! Halten Sie eine Reserveantenne bereit bzw. zumindest entspr. Länge Ersatzdraht.

9. 16/10 Wörter
Doppelwörter: Lauenburg/Elbe, Moebelmahncke, Laerchenstr., Fristueberschreitung;
Dreifachwort: Polstergarniturbestellung
Gebühren: 16 x 2,30 DM = 36,80 DM
(Urgent, daher doppelte Landgebühr)

10. 22/16 Wörter
Doppelwörter: Moenchengladbach, Wernervonsiemensstr., Pruefbericht, Urlaubsquartier;
Dreifachwort: Garmischpartenkirchen
Fragezeichen gilt hier als 1 Gebührenwort.

Gebühren:	22 x 1,70 DM =	37,40 DM
	RP	25,00 DM
		62,40 DM

11. 16/12 Wörter
Doppelwörter: Neustadt/Weinstraße, Schachtmayer, Amgroßenwald, Glueckwunsch

Gebühren:	16 x 1,70 DM =	27,20 DM
	LX 4	2,00 DM
		29,20 DM

12. 16/12 Wörter
Doppelwörter: Buchlenhausen/Donau, Gerdalouise, Grosseziegelstr., Muttertagsgruesse
Gebühren: 16 x 1,20 DM = 19,20 DM

Der große Tag: die Prüfung

Eines Tages ist es soweit. Sie werden eingeladen. Man möchte Sie gerne am Dienstag um 8 Uhr begrüßen und sich etwas eingehender mit Ihnen beschäftigen. Nehmen Sie diese Einladung an, auch wenn der Gastgeber 90,— DM Unkostenbeitrag von Ihnen erwartet. Damit erwerben Sie sich einen begründeten Anspruch, umfassend und eingehend geprüft zu werden! Und diese Chance sollten Sie nicht vertun. —
Keine Angst, es ist alles halb so schlimm! Im übrigen sind Sie ja nicht allein. Meistens haben Sie noch 5 Begleiter. Folglich entfällt nur jede 6. Frage auf Sie oder, was dasselbe ist, die Zeit, mit der man sich mit Ihnen beschäftigen kann, schrumpft auf ein Sechstel zusammen. Stellen Sie sich auf eine Abwesenheit von Ihrem Betrieb bis ca. 12—13 Uhr ein.

Die zwei Herren, die sich freundlich ermunternd vor Sie hinsetzen, sind Beamte des gehobenen Fernmeldedienstes, genauer: des Funkdienstes. Vielleicht Inspektor, Oberinspektor, Amtmann oder Oberamtmann. Aber das ist nicht so wichtig. Die Herren sind alles andere als „typische Bürokraten". Sie sind modern, aufgeschlossen und legen auf Titel keinen sonderlichen Wert. Einer von ihnen ist Vorsitzer, der andere Beisitzer.

So will es die Prüfungsordnung. Alle zwei stammen aus der Praxis. Sie haben nicht nur jahrelang auf den Küstenfunkstellen in Tag- und Nachtdiensten mit Schiffen auf allen Meeren drahtlose Verbindungen hergestellt, sondern sie sind auch selbst zur See gefahren, kennen also den schaukelnden Bordbetrieb. Haben Sie deshalb Vertrauen zu ihnen. Auch, wenn zunächst ein paar formelle, Ihrer Meinung nach vielleicht unnötige bzw. selbstverständliche Dinge erledigt werden müssen.

An Ihren Ausweis haben Sie doch gedacht? Denn den brauchen Sie jetzt. Also doch typisches bürokratisches Mißtrauen, meinen Sie? Ihnen gegenüber sicherlich unberechtigt. Aber es ist halt doch schon vorgekommen, daß der erschienene Prüfling nicht mit dem eingeladenen Kandidaten identisch war, sondern schon längst ein Patent hatte . . .

Dann werden Sie höflich darauf hingewiesen, daß es auch hier genausowenig wie früher in der Schule erlaubt ist, Mogelzettel zu benutzen. Aber das haben Sie ja auch gar nicht nötig. Wenn Sie dieses Büchlein intensiv durchgearbeitet und außerdem noch an einer lehrmäßigen Unterweisung teilgenommen haben, sind Sie bestens präpariert.
Da kann Ihnen gar nichts passieren.

Natürlich ist eine Prüfung immer etwas aufregend. Das sei gar nicht bestritten. Ich habe damals etwas Brom genommen, das hat mir gut geholfen. Wohlgemerkt, „etwas". Machen Sie es aber nicht so wie mein Nachbar. Der hatte Mühe, die Augen offen zu halten und hat trotz seiner guten Vorbereitung bei der erstaunten Prüfungskommission einen recht müden Eindruck hinterlassen . . .

Und auch wenn man sich gerade im Seefunkdienst ansonsten so vorbildlich unterstützt, Ihrem Nachbarn dürfen Sie nichts zuflüstern. Einer Nachbarin natürlich auch nicht. Leider. Aber das können Sie ja später am Abend bei der feuchtfröhlichen Prüfungsfeier nachholen, — und das braucht sich dann auch nicht mehr unbedingt um den Funkverkehr zu handeln. —